JOHN LEWIS GADDIS
ジョン・ルイス・ギャディス
KANJI AKAGI
赤木完爾 訳

SURPRISE, SECURITY,
AND THE AMERICAN EXPERIENCE

アメリカ外交の大戦略

先制・単独行動・覇権

慶應義塾大学出版会

SURPRISE, SECURITY, AND THE AMERICAN EXPERIENCE
by
John Lewis Gaddis

Published by arrangement with
Harvard University Press, Cambridge, Massachusetts
through Tuttle-Mori Agency, Inc., Tokyo

目次

アメリカ外交の大戦略

――先制・単独行動・覇権――

ポール・ケネディ、チャールズ・ヒル
イェール大学「大戦略」セミナーの学生達に

謝辞

本書は二〇〇二年にニューヨーク公共図書館で行ったジョアンナ・ジャクソン・ゴールドマン記念講演を発展させたものである。私は講演を実現して下さったエリック・F・ゴールドマン・エステイト、ならびにポール・ルクレール館長と公共教育計画部長のベッツィー・ブラッドレイと彼らの同僚に御礼申し上げたい。イェール大学歴史学部の同僚ダニエル・ケヴレスは私に最初にこのプロジェクトを引き受けるよう説得し、以後一貫してよき相談相手となってくれた。

同じく、この講演の草稿と本書について、意見をいただいたトニー・ドーフマン、サルマーン・カーン、メルヴィン・P・レフラー、ノーマン・ナイマーク、ギャディス・スミス、ジェレミー・スーリ、ジョナサン・ウィンクラーの各氏、ならびにハーヴァード大学出版会が依頼した二人の匿名の読者に対しても感謝したい。ハーヴァード大学出版会のジョイス・セルツァーとスーザン・ウォーレス・ボエマーには本書出版に尽力いただいた。

第四章の一部は『フォーリン・ポリシー』誌の二〇〇二年一一・一二月号に「変容のなかの大戦略」として掲載されたもので、本書に収録するに際して出版社であるカーネギー国際平和基金の許可をいただいた。
本書は二人の親友と学生達に捧げられるものである。我々は三人とも毎週月曜日の午後にイェール大学で教えている。二〇〇一年九月一一日の意味について討論する場として、そこは最良の場所であった。最後に私の学生であるリエンハン・グエン、エワン・マクドゥーガル、シュイラー・ショウテンには本書の冒頭と末尾に書かれているように、忘れがたい機会において、私に教えてくれたことに特別の謝意と深い尊敬の念を表したい。

ジョン・ルイス・ギャディス

二〇〇三年九月　コネチカット州ニュー・ヘヴンにて

第一章　イェールの朝

あるニュースをいつ、どこで耳にしたかを人々が必ず覚えているということが、歴史における予期せざる驚くべき大事件の特質である。

それは我々皆が、歴史的経験と個人的経験とが交差するような状況に滅多に直面しないからである。我々は皆、ソ連の崩壊やイスラム原理主義の興隆、あるいはアメリカがローマ帝国以来の比類なき強大な国家として擡頭したといった事態の展開の重要性を目撃することができるが、しかしそうした出来事が、我々が朝目覚めたり、仕事に出かけたり、恋に落ちたり、家族を養ったり、あるいは歳を重ねていくようなことにはめったに影響することはない。いかに大きな出来事も、たとえそれが世界を変えるであろうことが明白な出来事であっても、それが我々個人を変えると考えるのは難しい。我々の人生は、我々の時代の歴史が新しい局面に入り、どのような問題を後に残して過ぎ去ろうとも、以前とほとんど変わらずに営まれる。

しかしながら時折、歴史の軌跡と個人の軌跡が交差することがある。そうした状況を引き起す事件は、きわめて劇的な形で起り、その意味するところがすこぶる広範囲にわたり、そして我々の多くがほとんど予測していなかった出来事であるために、我々の仕事を何であれ中断させ、昔の町内の触れ役の世界版に相当するCNNに我々を釘付けにするのである。ここに歴史と個人との境界は消え去る。そうした出来事のいくつか、たとえば一九八六年のスペースシャトル・チャレンジャー号の事故、一九八九年のベルリンの壁崩壊、一九九七年のダイアナ妃の死、あるいは二〇〇三年のスペースシャトル・コロンビア号の事故などは、何日か我々の関心を引きつけるが、その後、生活はまず平常に戻ることになる。歴史と個人の軌跡の集束点が急速に過ぎ去っていくのである。そうした出来事が起った年は我々の記憶のなかに残るかもしれないが、具体的な日付はおそらく忘れ去られてしまうだろう。

稀にではあるが、予期せざる驚くべき事件は歴史と個人の間の結びつきをより長続きするものにする。その違いは、その出来事を年で覚えているか、あるいは日付で覚えているかによって区別することができる。ジョン・F・ケネディの暗殺が一九六三年一一月二二日に起ったということを忘れている人はまずいないであろう。その日付自体が何かを表象するものとなり、その結果、歴史上一一月二二日に何が起っても、それはケネディの暗殺に匹敵するものではない。同じことは一九四一年一二月七日の真珠湾への攻撃についてもいえる。真珠湾攻撃の結果としてすべての人々の毎日の生活が変わってしまったので、その結果一二月七日という特定の日は一二月七日に起った他のすべてのことを覆い隠してしまうのである。忙しい朝が終りかける前の二〇〇一年九月一一日も、我々の心のなかにそれらと同じ位置を占めるようになった。我々は皆、そのニュースを聞いた時何をしていたかを覚えている。そして生涯にわたって、九月一一日がめぐってくるたびにそれを何度も思い出すことになろう。

その朝について私が思い出すのは、今思い返せば、他のどこにいた方がよかったのかははっきりしないのだが、私がいた場所についての漠然とした不満である。その時私は、イェール大学歴史学部の二人の同僚と、四半世紀前に家族とともに南ヴェトナムから逃れてきた才気あふれるヴェトナム系アメリカ人学生の博士候補資格認定のための口頭試問を始めようとしていた。これは彼女の大学院時代を通じて、最も重大な瞬間であった。これから行う二時間にわたる彼女への口頭試問の結果に基づいて、彼女が博士論文を執筆する段階に進むことを許可するかどうかを、私達は決定するのである。彼女が試験会場に入ってきた時、私達は世界貿易センタービルで何か恐ろしいことが起ったということのみを知っていた。私達は彼女の家族がニューヨークに住んでいることも知っていたので、口頭試問の間、彼女を混乱させることのないように、このニュースについて何も触れないことに決めていた。

こうして私達は午前九時三〇分から一一時三〇分まで事態から切り離された。とはいえ、私達のうちの一人が時々試験会場をそっと抜け出して、二番目の飛行機がもう一つのビルに衝突したことや、三番目の飛行機がワシントンのどこかに墜落したこと、他の何機かの飛行機が、いくつかの不明の目的地に向けて飛んでいるという断片的情報を集めてきた。私達の家族や友人あるいはキャンパスがそうした目的地のうちの一つなのではないかと不安に思いながらも、私達は最善を尽くし、こうした口頭試問で通常尋ねるような類の質問を行い、彼女も実に落ち着いて立派に答えた。私達は試練を切り抜け、彼女を部屋の外へ送り出し、そのニュースを彼女に知られずに済んだことを喜び、それから彼女が問題なく試験に合格したことを知らせるために彼女を部屋に呼び戻した。その時初めて何が起っていたかを彼女に伝えた。すると彼女は「知っていました。けれども先生方を狼狽させてしまうかもしれなかったので、何も申し上げませんでした」と答えたのだった。

こうした事情で、その恐ろしい朝にテレビの生中継を通じてツイン・タワー崩壊の目撃者になれなかったが、私は今にして、私がいた場所以外の他の場所にいたかったとは思わない。というのは、同僚と私が日々の生活の一部としてその時していたことは、やり遂げるに値するものであったと思うからであるし、同時に、試験会場を離れる前には、我々の生活はこれまでと同じではないことも私達は皆理解していた。歴史はすべての人々に対してと同じように、歴史家にも降りかかるのである。

その後の数日間、数週間、数ヵ月を通じて、我々のほとんど、少なくとも攻撃の結果として、幸いにも愛する人や生計を失わなかった人々は、なんとかしてほぼ平常へと戻った。しかし、何が

「平常」であるかということについての我々の理解は、かつてのものとは違っていた。ちょうどニューヨーカーがなじみのないスカイラインの下でおなじみの仕事を行うように、我々一人一人のなかの何かも変わったのである。それは二〇〇一年の九月一一日の朝に、我々の心理的構造——我々の心のなかのＤＮＡ——をこれから何年も経たなければ結果が分からないようなものに置き換えるような、あたかも放射線の照射に似たものを我々は皆受けたのである。

したがってその出来事の直後に、それがもたらす結果を考えることは思い上がったことではあるが、必要なことでもある。なぜなら、こうした歴史叙述はより遠い昔の出来事について行うのと比べて、展望は限られており使える資料も少ないので、その出来事が起ってからすぐであればあるほど正確さは損なわれるが、そうした叙述の現在における有用性は高まるからである。我々は過去から学んだことのみを基礎として、未来を形作るための一つの見解を抱いて、現在において活動するのである。それゆえ叙述がいかに不完全なものであっても、最善を尽くして最近の歴史を知るほうがよいのではないだろうか。不完全な地図でもまったくないよりはましである。

こうした理由から、不可避的に現在の範疇にある、そして同様に未来の範疇にある出来事を歴史として取り扱うことは時期尚早であることを認めた上で、私はこの小論をとりまとめることとした。

第二章　一九世紀

私がイェール大学に移籍して被った恩恵の一つは、亡くなったことがまことに惜しまれるのだが、歴史学部の同僚として晩年のC・ヴァン・ウッドワードに知り合うことができたことである。ヴァンはアメリカ南部についての最も卓越した歴史家の一人である。一九五九年、冷戦の激しさが頂点に達していた時に、彼はしばらくの間、従来の研究とは異なるテーマに、いつもと変わらぬ幅広いアプローチで取り組んだ。それは安全保障とアメリカの特質との関係である。半世紀以上前、西部開拓時代の辺境についての歴史家、フレデリック・ジャクソン・ターナーがアメリカの文化と制度をその歴史の大部分を通じてほぼ無償で存在した土地の効用に結びつけて考えたのと同じように、ウッドワードは、歴史家はそうしたアメリカの文化と制度を、おおむね無償であった安全保障が利用できたことについても結びつけて考えるべきであると論じたのである。彼は、アメリカは巨大な恩恵を「アメリカの安全にとって深刻な脅威となるかもしれない他の諸列強との間にある三つの広大な海洋という自然の賜物」、すなわち大西洋、太平洋、北極海から得ていると論じた。続けて彼は、「安全保障への不安は他の諸国民の間に楽観主義が発達するのを妨げてきたが、過去にそうした不安が比較的になかったことは他の要因とともに、楽観主義をアメリカ国民の共通の哲学にするのに役立った」と論じたのである。(1)

ウッドワードはこうした議論を展開したが、それは決してアメリカの歴史についての楽観主義的な見解ではなかった。彼の著作は、奴隷制とそれに続く人種差別の結果であろうが、南北戦争での南部連合の敗北の帰結であろうが、多くのアメリカの白人と黒人が真に安全であったわけではないことを指摘していた。彼はすべてのアメリカ人にとって安全の確保が難しかった時期があったことを認めている。それらは、第一に入植をめぐる危険であり、かつて存在したフロンティアにおける生活の危険であり、そして独立、国境の安全確保、一八世紀後半から一九世紀前半における海上貿易の権利をめぐる苦闘である。最後にウッドワードは、アメリカがその領土のいかなる場所であれ破壊的な攻撃を受ける可能性にはじめて脆弱になった時のことを書いている。ソ連が熱核兵器とそれを運搬する大陸間弾道ミサイルを手にしたのである。安全保障はかつてのように、あたりまえに存在すると考えることは二度とできなくなってしまったのである。

それにもかかわらずウッドワードは、アメリカ人が自らの安全を確保することに疲れ切ってはいないことは、他の国々とは明らかに異なる特徴であると主張していた。それは自分達が何者であるかということを決定するのに役立った。アメリカの理想は、それはきわめて多くの人々が、きわめて長い間アメリカ人になることのために危険をいとわなかった理由であるのだが、暴力的な外部世界から国内の生活が隔絶されてきたということである。つまりそれは、個人的な出来事と歴史的な出来事との衝突が、我々の心のなかでそれらが起った年から具体的な日付を分離させるようなことを回避することである。したがって、ヴァン・ウッドワードの陰鬱な問題提起は以下のようになる。つまり、アメリカ人にとって、個人と歴史との分離がもはや当然のことではなくなった、すでに安全ではない世界で暮らさなければならないということは、何を意味するかということである。

我々は幸いにも冷戦の残りの期間に、その問題提起に答える必要はなかった。核攻撃の危険は決して消え去らなかったが、多くの戦略家の頭のなかで、正確には米ソが核弾頭を搭載した莫大なミサイルを保有し、それを互いに突きつけているという事態において、核攻撃の公算は、ともあれ安全であると思われる程度までには低くなった。相互の脆弱性は、実際には相互確証破壊の能力であるが、それはそれで結構なことであると考えられたのである。[2] この異様な行き詰まりのために、あるいはこの異様な行き詰まりにもかかわらず、ヴァン・ウッドワードが予見したアメリカ的特質に対する試練は彼の存命中には訪れなかった。

二〇〇一年九月一一日、ニューヨークとワシントンで煙が立ちのぼる光景がこれほどまでに衝撃的であった一つの理由はここにある。すなわち、思いがけない時に、さらには思いもしなかった方法で攻撃がついになされたからである。しかしその結果はウッドワードの予想に近いものだった。

アメリカ人は突如として、もはや命の危険を感じることなく自信を持って仕事をしたり、旅行をしたり、あるいは家にいることさえもできなくなった。ウッドワードが主張したように、安全であるという前提ができて久しく、それがアメリカであるということを意味するものの一部になっていたが、平常の生活と危険の世界との間の境界線が破壊されてしまったのである。九・一一は単なる国家安全保障上の危機ではない。それはまたナショナル・アイデンティティの危機でもあるのだ。

◇ 炎上するワシントンの衝撃 ◇

しかしながら奇襲によって首都の上空に煙がのぼるのは九・一一が最初ではなかった。大抵のアメリカ人は一八一二年の戦争について学校で少しは学んでいることをすっかり忘れてしまっている。その結果、一八一四年八月二四日という日はアメリカ人にとって何ら特別な意味をもたない。その日はイギリス軍が貧弱な守備兵を敗走させて、新しく建設されたワシントンに進撃し、さらに連邦議会議事堂とホワイトハウスに火を放った日である。(3) その出来事と二〇〇一年九月一一日の出来事との間には不気味で恐ろしい関係がある。というのは、乗客がハイジャック犯人を倒した後、ペンシルヴェニア州に墜落したユナイテッド航空九三便の標的はそれら二つの建物のうちの一つであったからである。歴史はめったに繰り返さないが、この場合はもう少しで繰り返すところだった。

それではなぜ八月二四日が我々の記憶のなかで一二月七日や一一月二二日、あるいは今や九月一一日と同様な位置を占めないのであろうか。幾分かは次のような事情によると私には思われる。その理由は、その日の死傷者が双方とも比較的少なかったからであり、またその攻撃がさらに悪い結果をもたらさなかったからである。また、それが一八一五年初めのニューオーリンズの戦いでアンドリュー・ジャクソン将軍がイギリス軍に対し決定的な勝利を収めたことによって即座に影が薄くなったからであろう。しかし他の理由として、その侵攻が戦争の始まりではなく、終りになされたこともあげられる。和平交渉は数ヵ月間にわたって進行中であり、一八一四年のクリスマス・イヴに、双方とも勝者ではないことを承認し、単に戦前状態が回復されたヘント条約が結ばれたのである。ジャクソンの勝利がいかに満足のいくものであったとしても、それは不要であった。要するにそれは間に合わなかったのである。したがって近年では、ワシントンの炎上を思い出す人がいても、その出来事のコミック・オペラのような側面を思い浮かべがちである。それはワシントンの茶番めいた防衛態勢であり、ジェームズ・マディソン大統領の面目丸つぶれの脱出であり、気丈な〔大統領夫人〕ドリーが逃げる際にホワイトハウスの壁からジョージ・ワシントンの肖像画を急いで運び出して、それによって国の威厳ではないにしろ、少なくとも国のシンボルを守ったというようなことなどである。

しかし当時のアメリカ人にとってその屈辱は激しいものであった。それがいかに激しいものであったかを理解するには、今はありがたいことに歌われないアメリカ国歌の第三節の歌詞をみるとよい。言うまでもなく、アメリカ国歌はワシントンから撤退したイギリス軍がボルティモア港のマクヘンリー要塞の攻略に失敗したことを祝って、フランシス・スコット・キーが作曲したものである。

戦争による大破壊と戦闘の混乱のなかで、
アメリカ兵達は決して忘れないと誓った
イギリスが再び我々を征服するかもしれないことを
アメリカ兵の血がイギリス兵の軍靴の汚らしい跡を洗い清めた
誰であっても敗走の恐怖や死の陰鬱さから逃れるすべはない(4)

この歌はドリー・マディソンの勇気を反映するがごとく、国家的な屈辱から何かを救おうと意図されたものである。そしてそれは安全とそれに伴う自信が、常にアメリカの経験の一部であるわけではないことを我々に思い出させてくれるはずである。

「その影響を過大評価することは難しいであろう」と歴史家のジェームズ・チェイスとカレブ・カーは一八一四年のワシントン攻撃について記している。「アメリカの指導者をきわめて長い間悩ませていた外国からの脅威が厳然として存在していたことが証明された。こうして直面する脅威に留意して、アメリカ人は、自らの安全を確保するために、拡大する任務を引き受ける準備をしたのである」(5)。ここで「拡大」という語に重大な意味がある。なぜなら、今やかろうじて記憶されている本土安全保障に対する侵害によって形成されたこの考え方は、その後一貫して根強く持続していたものであるからである。すなわちアメリカ合衆国にとって安全は、その責任範囲の縮小というよりも拡大からもたらされるものであったのである(6)。

大抵の国家は、大部分の動物がするような方法で安全を追求する。それは防備の後方に引き下がることであり、自らを目立たないようにすることであり、あるいは危険が存在しそうなことは何であれ回避することである。対照的にアメリカ人は一般的に、危険の根源から逃げるよりも、むしろ攻撃的な姿勢をとり、より目立つ様にし、立ち向かい、制圧し、可能ならば危険の根源を圧倒することによって脅威、とりわけ奇襲に対処してきた。我々が身につけてきた拡大は、安全保障への道なのである。

これは一八一四年において決して新しい考え方ではなかった。ベンジャミン・フランクリンは早くも一七五一年、高い出生率によって、やがてイングランド人がイギリスよりもアメリカの方に多く存在するようになると自信を持って表明した時に、同様の発想が念頭にあった。すなわちこれは島国がいつまでも大陸を支配することはできないということを意味していたのである(7)。ジェームズ・マディソンは『ザ・フェデラリスト』第一〇篇において、共和政治という統治の形態は、広大な領域においては不可能であるという従来の見解に対して、国家の成長が相互に均衡するのに必要な相争う利益を生み出すことによって、そのような空間でも共和政体の安全を保証できると論じている。(8)トマス・ジェファーソンは彼の厳格な憲法解釈者としての節操を捨てた際、拡大を通じた安全保障の考え方が念頭にあり、一八〇三年、フランスからルイジアナを購入するチャンスに飛びつき、その結果アメリカ領土は即座に二倍の大きさになったのである。(9)

しかしながら、一八一二年の戦争以前には安全保障を拡大と結びつける長期の戦略はなかった。ルイジアナを獲得した時でさえ、ジェファーソンはイギリスとフランスに対して中立政策を維持しつつ陸海軍の規模を縮小していたのである。ナポレオン戦争がアメリカの海上貿易の権利を危険に晒し始めた時には、彼は出港禁止法を通じアメリカの国益を縮小することで対応する以外、ほとんど選択の余地はなかった。アメリカは貿易の権利を守らざるを得ないところに追い込まれないようにするため、貿易をしないことにしたのである。しかしその結果はきわめて屈辱的であったため、一八一一年の終りまでには議会の雰囲気は、国の名声も含むすべての国益を守るべしとの方針に一変した。けれどもジェファーソン政権以上に、議会も発足したばかりのマディソン政権もそうした任務を達成する手段は用意できなかった。(10)外交政策が宥和と好戦的態度の間で揺らいでいたために、また宣言された目的と利用可能な手段の間の隔たりがこのように顕著であったために、合衆国が不要な戦争に誤って突入したこと、戦争がきわめて拙劣に遂行されたこと、そして平和が回復するや否や、アメリカ人は国家安全保障と大戦略をより真剣に必要とし始めたことは驚くにはあたらない。顧みてもしイギリスがワシントンを占領し焼き払い、他方でほぼ四半世紀も続いていたフランスとの戦争を終結させていたとしたならば、すなわちヨーロッパでの戦いが終ってしまったならば、その状況はアメリカの脆弱性について何を意味したであろうか。ナポレオンを打倒したヨーロッパ大陸の君主国にとってアメリカ合衆国は歴史の記録の上の「薄汚れた共和主義の痕跡に過ぎないもの」であると歴史家のジョージ・ダンガーフィールドは強調した。[11] イギリスはわずかに同情的であった。なぜならイギリスはアメリカの独立を不承不承受け入れたが、しかしその海軍力の優勢はいつでもその独立に挑戦する手段をイギリスに提供していたからである。ジェファーソンが戦前に優先した方針である利益を縮小することによって、利益を確保しようとする、身を隠す《ハイディング》行動は、危険が減少していない戦後世界では明らかに通用しなかったと思われる。新たなアプローチが大いに必要とされたのである。

それを案出したのは一九世紀に最も影響力のあったアメリカの大戦略家であるジョン・クインシー・アダムズである。第二代アメリカ大統領の息子にして、すでに他にならぶ者のない経験豊かな外交官であったアダムズは、ゲントの条約交渉に尽力し、一八一七年にはジェームズ・モンロー大統領のもとで国務長官に就任した。彼の国務長官としての業績は、その後引き続いて彼が一任期大統領を務めた時の業績に勝るものがあった。一世紀以上後にC・ヴァン・ウッドワードが論じたように、安全保障を提供することができる拡大という方法を案出したのは他の誰よりもアダムズであったのである。これらの方法は驚くべきことに九・一一の余波に関連するものである。すなわち先制［preemption］、単独行動主義［unilateralism］、そして覇権［hegemony］である。[12]

◇先制◇

第一に先制についてである。アダムズは、アメリカ合衆国には守るべき広大な国境があるが、それを守るために限られた手段しかないという事実に鋭く気付いていた。攻撃がありそうなすべての場所、時期、方法を予測することは不可能であった。そして国の領土や人口が拡大し増加するにしたがってこの問題は悪化するばかりであった。依然として懸念すべきヨーロッパ勢力が存在した。というのは、フランスはルイジアナ売却によって北アメリカ大陸における最後の領土を放棄したが、イギリスはカナダを保有してオレゴンの領有を主張し、ロシアはアラスカを保持する一方、南はほぼサンフランシスコに至る太平洋沿岸の領有を主張し、そしてスペインは弱体とはいえ依然としてフロリダ、メキシコ、中央アメリカ、また南アメリカの多くを支配していたからである。同様に、我々が今日「非国家主体」と呼んでいる、アメリカ先住民、海賊、略奪者、そして追いはぎの類が存在し、前進しつつあるフロンティアに沿って防備の手薄な場所を襲撃しようと窺っていた。拡大を通じて安全保障を追求する戦略の第一の問題は、したがって、拡大それ自体が新たな不安定の原因を生み出さない方法を探求することであった。

アダムズはスペイン領フロリダに格好の解決策を見いだした。先住民のクリーク族やセミノール族そして逃亡奴隷が国境を超えて一連の攻撃を加えてきた後、モンロー政権から付与された定かではない権限を根拠として、ジャクソンは一八一八年にスペイン領フロリダを侵略した。彼はまた、襲撃を計画したとして二人のイギリス人容疑者を処刑し、それによって危険になりかねない外交紛争をスペインだけでなくイギリスとの間に引き起した。アダムズだけがジャクソンを擁護し、モンロー政権の他の閣僚に、合衆国はこの事件について謝罪すべきではなく、むしろそうした状況で先制的に行動する権利を主張して、これを利用するよう説得したのであった。合衆国の国益は「〔スペインの〕裏切り行為を見逃すことも、その無能力に妥協することも」できない、と彼の最も強面の外交覚書の一つにおいてスペインに通告した。スペインは将来の襲撃を阻止するために十分な戦力をもってフロリダに守備隊を駐留させるか、あるいは、「実際のところは遺棄された場所であり、合衆国のあらゆる敵――それが文明人であれ野蛮人であれ――の占拠に対して無防備であり、そして彼らが襲撃拠点として使う以外におよそ何の役にも立たない植民地を合衆国に割譲し(13)」なければならなかった。

現在使われている「破綻国家」という言葉はアダムズの覚書には出てこないが、彼が力の真空は危険であり、したがってアメリカがそれを埋めるべきであると主張した時、彼の脳裏にその概念があったことは間違いない。彼はその一年前に同じような事例で「略奪者集団は直ちに追い散らされるべきである」と記している。[14] 弱体化した近隣国家の協力に安全保障を委ねられないのは、いずれの国家にも統制されていない盗賊の自制に安全保障を委ねられないのと結果として同じことである。

スペイン領フロリダに対処する際にアダムズの原則が合理的であり成功をもたらしたために、西部の開拓地全域にわたって先住民から受ける脅威に対抗する際にも、その原則を同じように適用して成功するのではないかと思われた。生命や財産にとっての危険は確かに厳しいものがあり、またジャクソンが一八二九年に大統領に就任した後で辛辣に自問自答したように、誰が「一二〇〇万人以上の幸せな人々が居住し、自由や文明、宗教といったすべての恩恵に満たされた」地域よりも「森林におおわれ、数千人の野蛮人が住む地域」を好むだろうか。[15] アダムズはジャクソンが実行した「野蛮人」の残忍な再配置を遺憾に思うようになったが、[16] しかしジャクソンの、危険なフロンティアに沿って拡大しつつある「文明」は先制の権利を持つという議論は、アダムズ自身の考え方の予測可能な延長線上にあったのであり、また一九世紀の残りの期間を通じて行われた先住民の追放を強力に正当化した。[17]

先制のドクトリンはまた、破綻しそうな国家を犠牲にして拡大を正当化するために、タイミングよく登場する。ジェームズ・K・ポーク政権は一八四五年にテキサスを併合する理由のなかで、その領土は九年前にメキシコから勝ちとった独立を維持することができず、イギリスあるいはフランスがその領土を乗っ取るかもしれないという懸念に言及している。同様の仮定に基づいた状況は、ポーク大統領に、テキサス併合直後に起ったメキシコとの戦争を歓迎させることになった。ポークがこれを挑発したという歴史家もいる。その戦争はカリフォルニアを獲得する機会をもたらしたが、そこにはサンディエゴ、モントレー、サンフランシスコという大きな港湾があり、それらはヨーロッパ勢力の占拠に対して脆弱であるかもしれなかった。(18) カリフォルニアの獲得によって、アメリカ東部との間にある現在のアリゾナ、ニュー・メキシコ、コロラド、ユタ、ネバダのすべての領域にわたるアメリカの主権の拡大が必要となった。今や力の真空の見通しでさえ先制行動を導いたのである。

こうした行為はアダムズが欲したことを超えて「遺棄された」国家の議論を拡張した。晩年、アダムズは大陸における拡大が国家安全保障にとってどうであれ、それは、新たな奴隷州を連邦に組み入れ、それによって今までのところ内戦を防いでいた微妙なバランスが覆され国内の安定を傷つける可能性があると考えるようになった。(19) それにもかかわらず、ポークはそのような拡大を安全保障のための先制という理由で擁護するのが常であった。すなわち独立したテキサスあるいは人口の少ないカリフォルニアはやがては敵対的なヨーロッパ勢力によって奪われるかもしれず、ひいては合衆国の安全保障を危うくするという論法であり、それは確かに一八一八年にジャクソンのスペイン領フロリダ侵攻を正当化した時のアダムズの論理の繰り返しであったのである。[20]

先制の論理は北米大陸における拡大が完了した後も消え去らなかった。もう一つの奇襲攻撃であると思われる事件、一八九八年二月一五日、ハバナ港における米軍艦メイン号の沈没の後に起ったことを考えてみるとよいだろう。いまだにこの事件が攻撃によるものであったのかどうかは明らかではない。内部爆発、おそらくは石炭庫の爆発を指摘する証拠があるからである。[21] しかしながら当時、依然キューバを支配していたスペインの仕業にされ、そして二ヵ月後アメリカは宣戦布告したのである。マニラ湾——当時フィリピンはわずかに残るスペインの植民地の一つであった——においてスペイン艦隊を先制攻撃するための計画は開戦時すでに整っており、一八九八年五月一日、ジョージ・デューイ海軍代将がそれを遂行し大きな成功を収めた。この時ウィリアム・マッキンレー大統領はこの軍事的先制行動に続いて、はるかに広範囲にわたる政治的先制措置をとった。フィリピン全土を獲得するという彼の決定は、アメリカがフィリピンで何かをしようとか、そこを獲得することで得られる利益について明確な意図があったからではなく、スペインの権力の消滅が他のより強力な国家、この場合はドイツあるいは日本のフィリピン獲得を許すことになるかもしれないという懸念からなされたものである。[22]

次の二〇年にわたって、セオドア・ローズヴェルト、ウィリアム・ハワード・タフト、ウッドロー・ウィルソンはヴェネズエラ、ドミニカ共和国、ハイチ、ニカラグア、そしてついにはメキシコへの先制介入の継続を正当化するために同様の議論を利用した。それはそうした国々のなかの不安定な状況がヨーロッパの諸列強、特にドイツに介入の根拠を与えないようにするという理由からであった。ローズヴェルトが一九〇四年に述べたように「慢性的な犯罪あるいは無能力によって、文明化された社会の紐帯が広く弛緩する場合には……ついには文明化された国家による介入を必要とするかもしれない。……西半球では、いかに不本意であっても合衆国が国際的な警察力を行使することを余儀なくされるかもしれない(23)」のであった。

したがって合衆国はカリブ海あるいは中央アメリカにあるどのような現地政権であれ、秩序を維持し、歳入を徴収し、債務を償還することができなければそれらの責任を引き受けたのである。一九〇一年にアメリカによってキューバの憲法に書き込まれたプラット修正条項はワシントンが望ましいと考えた時にはいつでもキューバの国内問題へ介入する権利を確保している。一九〇三年のパナマ革命と、その後のパナマ地峡を横切る運河の建設は、他の誰かがきわめて重要な場所できわめて戦略的な水路を作ることを阻止するためにローズヴェルトによって画策された先制措置である。そしてドイツがメキシコの国内の不安定を利用する――ドイツは機関銃を輸出していると噂されていた――ことを阻止するために一九一四年になされたウィルソンによる長引いた軍事介入も先制の一例である(24)。

「破綻した」あるいは「遺棄された」国家への懸念はアメリカの国際関係の歴史において何ら新

しいものではなく、それらに対処するための先制の戦略もまた目新しいものではない。したがってジョージ・W・ブッシュ大統領が二〇〇二年六月、ウエスト・ポイントの陸軍士官学校での演説で、アメリカ人は「我々の自由と生命を守るために必要な時にはいつでも先制行動」をしなければならないと警告した時、ブッシュ大統領は新しい何かを確立したというよりもむしろ古い伝統を繰り返し述べたに過ぎなかったのである[25]。アダムズもジャクソンも、ポーク、マッキンレー、ローズヴェルト、タフト、そしてウィルソンといった歴代の大統領は皆がそれを完全に理解していたのである。

◇ 単独行動主義 ◇

アメリカ外交の伝統のなかで同様に影響力があるのはアダムズの二番目のドクトリン、すなわち単独行動主義である。この考え方は、アメリカはその安全を守るのに他国の善意に頼ることはできず、したがって自ら行動することに備えるべきであるということである。ジョージ・ワシントンはこの見解を一七九六年の告別演説において述べ、一七七八年の仏米同盟から生じた複雑な問題に反撥して、平時におけるそうした恒久的な関係に反対するよう忠告したことは有名である。しかしながら、ワシントンがこの考え方をジョン・クインシー・アダムズのごく初期の著作のなかから得ていたことはあまり知られていない。ワシントンも読んでいた一七九三年の論文のなかで、アダムズは「真の独立はすべてのヨーロッパの利害関係と政治から」断絶することを必要とすると主張していたのである。[26]

巻き込まれることへのこうした嫌悪は決して条約を締結することに反対することではなかった。アダムズは一八一二年の戦争を終らせたイギリスとの交渉、同じくカナダ国境を定めた一八一八年のイギリスとの交渉における自らの役割を誇らしく思っていた。アダムズのこの上ない業績は、スペインを脅してフロリダを譲渡させただけでなく、太平洋へ至るスペイン領メキシコの北部国境を受け入れさせた一八一九年の大陸横断条約〔アダムズ＝オニス条約〕であった。これはアメリカがまだロッキー山脈を越えた土地に明確な所有権を保有していなかった時のことである。[27]しかし同盟については、これはまた別個の問題である。アメリカ人はいかなる国であれ他国の国益と、自国の長期的な国益とを調整しなければならなくなるような義務を受け入れるべきではなく、あるいはそうした国益が挑戦を受けた時に相互援助を誓約すべきでないとアダムズは論じた。またアメリカはたとえ公式な同盟関係がなかったとしても、また国益がアメリカと合致した国に対しても、公然と協力すべきではないと論じたのである。

アダムズの単独行動主義は、一八二〇年代初頭、ほとんどのラテン・アメリカ諸国でスペインの支配体制が崩壊した――例外はキューバとプエルトリコのみ――時に明白となった。南アメリカで新たに独立した共和国がその主権を維持できるかどうかはまったく明らかではなく、フランス、オーストリア、ロシアがスペインの権威を回復するのを助ける、あるいはおそらくスペインの権威を引き継ぐというような協議さえあったのである。この見通しに不安を感じたイギリスはヨーロッパ勢力による将来の西半球での植民地化を排除するという英米合同声明を提案し、この考えはモンロー大統領だけでなくジェファーソン、マディソン両前大統領をも惹きつけた(28)。しかしながら、アダムズは、アメリカにはそうした政策を強制するいかなる手段もないという事実にもかかわらず、このイギリスの申し出をアメリカ単独での宣言へと変えた。アダムズは、海軍力を有するイギリスはそうした手段を持っており、この場合におけるイギリス自身の国益は、たとえ公式のコミットメントがなくとも合衆国の国益を補足するであろうと読み切っていた。「イギリス軍艦の航跡に追随して小舟で参加する」よりもむしろ「我々の原則を明白に公言する」方がより威厳があるとのアダムズの発言は記憶に残るものとなった(29)。

ワシントンの告別演説やモンロー・ドクトリンにあるように、ここに後に孤立主義として知られるようになり、アメリカ外交政策の歴史において永続する主題となるものの基礎が築かれた。ただし、この語は誤称である。なぜならアメリカは実際には日本が一七世紀から一九世紀まで行ったように他の世界から孤立しようと試みたわけでは決してないからである。アメリカ人は常に広範囲にわたって国際貿易に関わってきたし、そのうえ間断のない移民の流れは、輸送と通信の進歩とあいまって国際的な文化上の関係の複雑なネットワークを作り上げたのである(30)。しかしながらアメリカは誰も予想することのできない将来の不測の事態に対して他の大国と協調して行動するための公約を避けた。一七七八年にフランスと締結し、最終的に一八〇〇年に相互の同意によって終了した同盟はそうした義務から生じうる危険を明らかにした。モンロー・ドクトリンは、それ以後そうした危険なしに国益を増進させることを可能にする方法についての青写真を提供したのである。

　世界に対するこの単独行動主義的アプローチは優に一世紀以上も生き延び、アメリカ合衆国が地域大国から世界大国へと変容した後でさえ持続したのである。延び延びになっていた一九世紀末のイギリスとの和解は何らの公式な同盟関係も生み出さなかった。国務長官ジョン・ヘイの中国における門戸開放政策は——後に判明したようにモンロー・ドクトリンより出来は悪かったが——アメリカが自ら責任を引き受けることなく、他国の国益と一致した場合の利益を利用しようとする点でモンロー・ドクトリンを繰り返したものであった。アメリカは第一次世界大戦に決然と介入したが、しかしそれは英仏などと「提携した」国家としてであって、「同盟した」国家としてではなかった。そしてウィルソン大統領は将来の戦争に反対して行動する義務を負わせた国際連盟による強制された平和を提案したが、当のアメリカはそれを拒絶したのであった。単独行動主義は一九二〇年代から一九三〇年代の間にその頂点に達した。アメリカ合衆国は今や全世界を通じて事態の方向性を形作る力を持つに至ったにもかかわらず、アメリカ人は自らがきわめて重んじていた行動の自由を危険に晒さないために、その力を行使するのを拒否したのである。

こうして先制よりも一層持続して、アダムズが定義した単独行動主義的なアメリカの国益観は、それから第二次世界大戦の勃発に至るまでアメリカ合衆国と他の世界との関係を処理する方法を形作ったのであった。したがって、この点からも立証できるように冷戦後のアメリカ外交政策における単独行動への「転換」は——クリントン政権において明らかであるが、ジョージ・W・ブッシュ政権においてより声高に宣言された[31]——古い態度への回帰であって新たなものの登場ではないのである。

◇覇権◇

最後に覇権についてである。ヨーロッパにおける勢力均衡システムを長年観察してきたジョン・クインシー・アダムズは、アメリカ合衆国が北アメリカ大陸において他の大国と同等の条件で共存できるあるいは共存すべきであるといういかなる考え方をも断固として退けた。すでに早く一八一一年に彼が書いているように、選択肢は、一方で「無数の小さな氏族や部族が、土地や海の支配をめぐって、またヨーロッパの君主や圧制者の思うままに相互に果てしなく戦う状態のまま」にしておくことか、あるいは他方で「北アメリカ大陸においてその大陸と同じ領域を占め、一つの社会的盟約の下に結びつき、最も人口が多くそして最も強力な人民になるべく神と自然によって運命づけられた一つの国家」の間にあった[32]。

新世界の大部分が依然ヨーロッパの支配下にあることを前提とすれば、旧世界で行われているように新世界においても勢力均衡が出現すると考えることが穏当であった。土地や海の支配をめぐって争われる果てしない戦争を恐れ、そうしたことが起らないようにすることをアメリカの戦略の目標としたのはアダムズその人であった。彼がそうしたのは、当時のアメリカの陸軍力と海軍力の弱さを考えるとまことに驚くべきことである。しかしながらアダムズが考えたのは時の利は合衆国の側にあるということであった。すなわちその人口、経済、潜在力はもっぱら成長を続けているのであり、他方でヨーロッパの諸列強が隣接した領域を支配する能力はただ縮小するのみであろうと考えたのである。したがって覇権への熱望を隠す理由はなかったのであり、「我々が野心的ではないと世界を説得しようとする我が方の努力は、我々が野心に偽善を付け加えたと彼らに信じ込ませる他には何の影響もないのである[33]」。

もとより大陸的覇権というこの考え方には限界があった。アメリカ合衆国は一八一二年の戦争において失敗したように、再度イギリスとの戦争の危険を冒すことなく、そしてアメリカの港湾や海上交易がイギリス海軍の優勢の下に人質にとられることなく再びカナダの侵略を試みることはできなかった。しかしながら逆にイギリスは無防備な長い陸上国境を持つカナダがアメリカ陸軍の人質にとられることなしにはアメリカと戦争の危険を冒すことはできなかったのである。結果としてやがて妥協が成立した。イギリスはアメリカの西と南への覇権の熱望に挑戦することなく、そのかわりにアメリカは北方におけるイギリスの継続的プレゼンスを受け入れたのである。(34)

もう一つの限界は人種主義と関係があった。テキサス併合とメキシコとの戦争の結果として奴隷州を合衆国に加えることを歓迎した拡大主義者でさえ、少なからぬ数のアメリカ人がすでにその土地へ入植していたことを理由にして併合を歓迎した。彼らは圧倒的多数を占める非白人を同化することが必要な他の土地、たとえばメキシコに残された部分に、あるいはスペインの残余の植民地であるキューバやプエルトリコに、それらを獲得する見通しをもって境界線を引いたのであった。(35) それはアメリカが独立国であったハワイを併合し、また米西戦争の間にスペインからプエルトリコとフィリピン――キューバはまだ――を獲得した一八九八年までは、このような限界を超えることはなかった。しかしながらその直後に勃発したフィリピン人の反乱は多くのアメリカ人に海外帝国の獲得は間違いであったと思わせるようになり、その後そうした試みは繰り返されることはなかった。(36)

この限界の問題への解決策は究極的には主権と勢力圏との間に区別を設けることであった。アメリカの安全保障は主権の拡大を必要としない。なぜなら主権の拡大はアメリカ社会の特質それ自体を変化させてしまい、そのために覇権によって保護することが期待されるものを危険に晒してしまうからであった。この原則を最もよく述べたのはまたもやアダムズであり、一八二一年七月四日、独立記念日の有名な演説において、アメリカは「倒すべき怪物を求めて海外に行くことはない」と主張した。さもなければ「アメリカは世界の独裁者になってしまうかもしれず」、その場合「アメリカはもはや自らの精神の支配者ではない」と述べたのであった[37]。

安全保障は地理的にアメリカ合衆国に近接する場所に他の大国が主権を獲得しないことを確実にすることによって最もよく保証されるのであった。小国が南方の地域を支配することはヨーロッパ諸国がそれら小国の弱さを利用することを控える限り脅威とは考えられなかった。しかしながらアメリカの共和政体にとって分離主義は脅威であった。したがって連邦〔北部諸州〕は南部連合を打倒するために莫大な支出と生命の犠牲を払うことをまったく顧慮しなかった。それでも、南北双方のアメリカ人は戦争終結後数ヵ月以内に、南北戦争中にナポレオン三世によって就任させられた皇帝マクシミリアンをメキシコから追放することの重要性について合意することができたのであった[38]。次の世紀の間、合衆国は北アメリカのみならず西半球全体にわたって他の大国の足がかりになるようなものを確立する努力をすばやく阻止した。冷戦期のキューバという唯一の例外があるにせよそれは成功を収めたのである[39]。

一八九五年、国務長官リチャード・オルニーは以下のように宣言した。「今日アメリカ合衆国はこの大陸において事実上の支配者である。……その莫大な資源はその隔離された位置と相まってアメリカを現状の支配者とし、いかなる他の強国に対しても実際上非脆弱なものとしている[40]」。これは野心を偽善で覆い隠すことを軽蔑したアダムズの姿勢を力強く再び声明したものであり、イギリスに南北アメリカには勢力均衡というものがないことを思い出させようとしたものであった。その代わりにあるものはアメリカの力の圧倒的優位であるということである。ソールズベリー卿の政府はこの点に関して異議を唱えることはなかった。これによって一九世紀の初めにアダムズが明瞭に表現したアメリカの覇権という未来像は、その世紀末に現実となって確認されたのである。

それでは二〇世紀、また二一世紀はどうなのであろうか。ここでは以下のことだけを示唆するにとどめよう。もしジョン・クインシー・アダムズが冷戦の終結を見たとしたら、海外の怪物と争うという彼の懸念に関わる限りでは、国際システムのなかでの合衆国の地位は彼にとっては見馴れたものと感じるだろう。規模において北米大陸と全世界的という違いがあるにもかかわらず、勢力均衡とは別個のものとしての力の圧倒的な優位をアメリカが維持すべく関与していることはアダムズの時代と一九九〇年代はまったく同じなのである。(41) さらにアダムズは、ブッシュ大統領が二〇〇二年六月にウエスト・ポイントで述べたこと、すなわち「アメリカは挑戦を凌駕する軍事力を有し、またそれを維持するつもりである」(42)という言葉のなかに野心を隠そうとする偽善の証拠を見つけることもないだろう。

◇　安全保障とその達成手段の道義性　◇

したがって二〇〇一年九月一一日に発生した歴史上二度目のワシントンへの攻撃と、他のすべての惨事に対処するなかで、ブッシュ政権は意図的であろうとなかろうと、一八七年前の最初のワシントンへの攻撃が生み出した一連の伝統に依拠したのである。これは驚くほどのことではない。というのは、安全保障上の危険がほとんどないという利益が国民としての我々の特質を形成し国家としての発展を促したのだというC・ヴァン・ウッドワードの主張が正しいのであれば、それらの利益を確保する方法、要するにジョン・クインシー・アダムズの大戦略は、我々国民の意識のなかに埋め込まれているはずだからである。それらは我々に内在していたのであり、迷いが生じた時に、それらに依拠したのである。(43)

しかしながらもしそれが正しければ、二〇世紀における安全保障と奇襲攻撃についてのアメリカの経験に関して興味深い疑問が生じる。一八一四年と二〇〇一年の一回目と二回目のワシントンへの攻撃の後で、ジョン・クインシー・アダムズとジョージ・W・ブッシュの考え方は互いにまさに一致していたことは明らかであるが、フランクリン・D・ローズヴェルトはアメリカ史において今一つの際立った奇襲攻撃、すなわち一九四一年一二月七日に真珠湾で起った奇襲の後でまったく異なった方向の行動を選択したのである。なぜ事実はそうなのだろうか。第二次世界大戦と冷戦における我々の行動が、危険に対応した昔の様式と、また我々が今乗り出したと思われる対応の様式とくらべて、なぜかくも明確に異なっているのだろうか。これらは次の章で取り上げるテーマである。

本章は、もう一人の有名なイェールの歴史家で、亡くなって久しいが依然としてジョン・クインシー・アダムズの外交政策と大戦略についての最も偉大な権威であるサミュエル・フラッグ・ビーマスの記憶を記して締めくくりたい。時は一九六〇年代初頭、オースティンのテキサス大学での講義の時のことであり、私は内気で無口な学部学生としてそこにいた。聴衆のなかの誰かが大胆にもビーマス教授にメキシコ戦争はアメリカ側の侵略行為の結果として生じたとは言えないのではないかと質問した。「いいや、それは確かにアメリカの侵略の結果だ」とビーマスは意外な優しさで応じた。それから彼は教室全体のみならず大学全体、それどころかテキサス州全体を抱きかかえるかのように腕を広げ、より一層力強く「しかし君はそれ〔メキシコとの戦争で獲得した領土〕をすべて返したくはないだろう」と付け加えた。

現在、アメリカ合衆国が北アメリカ大陸を支配するために用いた方法を深く悔いることはビーマスの時代よりもさらに流行している。それは今日の大学の歴史講座のコースにおいては――イェールも例外ではない――拡張の犠牲者に著しい関心が向けられ、その拡張を生み出した政策、あるいはそれがもたらした利益にはさほどの関心が向けられていない点にも見られる。しかし今日のアメリカ人のほとんどは――アダムズはジャクソンやポークのすべてを肯定していたわけではないが、そのアダムズでさえその時代にあっては――ビーマスがテキサスの聴衆に期待したように彼の質問に対して「いや、すべてを返したくない」と答えるのではないかと私は強く想像している。

それらすべてが示唆するのは、我々が当然のこととしている安全保障と、それを獲得する手段の間をつなぐ思考が断絶していることである。近年我々は安全保障の利益を享受し続けている――そして現在それを拡大しようとしている――時でさえその達成手段を非難する傾向にある。理想的な安全保障と手を汚さざるを得ないその達成手段の双方を維持することはできないであろうか。うまくするとできるかもしれない。というのもF・スコット・フィッツジェラルドはかつて第一級の知性の徴候は頭のなかで同時に二つの対立した考えを持つ能力であると書いているからである。しかし彼がこの所見を書いたエッセイは「神経衰弱［The Crack-up］」〔既存の邦訳題名は「崩壊」〕と落胆させるような題名がつけられている。

よりよいアプローチは我々の歴史の道義的二面性を認めることであると思う。他の大部分の国家と同じように、今日においては全体として快くは支持できない手段によって、我々は今あるところに達したのである。しかしながら快適さだけでは国家が戦略を形成しその安全を確保する基準にはなりえない。危険に立ち向かう手段は、それらが作り出す不快さをただ一つの基準にして否定することはできない。したがって、我々はそうした問題に我々の祖先がいかに対処したかを性急に非難する前に、自ら二つの問題を考えるのが適切であろう。それら二つの問題は共に四〇年前のビーマスの問題提起にならったものである。すなわち一つ目は、もし我々がその時その場所にいたとしたら我々はどうしていたであろうかという問いかけであり、二つ目はずっと厳しいもので、我々が今日行った選択を我々の子孫がどのように判断するかという問いかけである。

第三章　二〇世紀

二〇〇一年九月一一日の出来事に関連した大きな衝撃は、約六〇年前に起ったもう一つの奇襲、すなわち一九四一年一二月七日の日本による真珠湾攻撃に類似していたことである。双方ともよく晴れた朝に生じた青天の霹靂であった。二つの攻撃とも諜報《インテリジェンス》の全面的な失敗の結果、奇襲が全面的に達成された。また双方とも普通の技術を未知の方法で利用した。日本人は航空母艦から戦闘爆撃機を発進させ、テロリストは民間の定期航空便を巡航ミサイルに変えた。両攻撃ともアメリカの領土で起り、数千もの死傷者を出し、即座に宣戦布告を導いた。また双方とも国民の自覚を――そして実にほとんど世界中の自覚をも――強く燃えたぎらせたので、それらの事件が起った日付については、記憶のなかで起った年を書く必要はもはやなくなった。フランクリン・D・ローズヴェルトが真珠湾奇襲について語ったように、二つの日付は「汚辱のうちに生きながらえる」のであろう。

もちろん異なる点もある。日本の攻撃はその国益を伸張させるために長らく軍事力を行使してきた国家の計画的な行動であった。それは段階的に拡大する一連の危機の後にやって来たので、その結果戦争の勃発は驚きではなく、ただその起り方が驚くべきことであった。それらのすべてがテロリストによる攻撃にはあてはまらない。我々の知っている限りではその犯人達はいかなる国家の公認なしに行動した。以前に一連の爆破事件はあった。一九九三年の世界貿易センタービル、一九九六年サウジアラビアのコバルタワーの兵舎、一九九八年のケニアとタンザニアの大使館、そして二〇〇〇年の米軍艦コールの爆破事件がそれである。しかしそれらの過去に経験としてあったパターンは九月一一日になってようやく明白なものとなったのである。攻撃された標的にもまた異なる点がある。宣戦布告の前に行われた奇襲の道義性をいかに考えようとも、真珠湾が軍事的標的であることに疑いはない。ことによると九月一一日のペンタゴンもまた、その言葉の意味を拡大すれば軍事的標的であるかもしれない。しかしツイン・タワーとそこで働いていた人々にとってはまったく事情が異なる。彼らに対する攻撃は疑いなく意図されたものであり、大量殺戮された市民は戦争の準備あるいは戦争の遂行には関係ないばかりでなく、彼らのほとんどは戦争が始まっていることにすら気が付かなかったであろう(1)。

最後に一二月七日と九月一一日の結果としてローズヴェルト大統領とブッシュ大統領が宣戦した戦争の種類が異なっている。ローズヴェルトは即座に国家の総動員を要求しそれを得た。続く四年間はすべてのアメリカ人が以前とは劇的に異なった生活を送ったのである。ブッシュはテロリズムに対するグローバルな警察行動となるものを要求し、部分的にしか受け入れられなかった。その警察行動には、国の内外において警戒が呼びかけられたこと、また何が起ったとしても、アメリカ人は平常の生活を続けるべきであるとの示唆が組み合わされていた。ローズヴェルトが平常への復帰はアメリカの敵を勝利させると主張したのに対して、ブッシュは平常からの離脱が敵を勝利させることになるとみていたのである。(2)

一九四一年一二月七日がその後、アメリカの大戦略の発展に与えた影響はどのようなものであろうか。私は前章で奇襲攻撃は国家安全保障の古い概念と国家安全保障を達成するために要するものを一掃する傾向があることを論じた。それらは死活的国益と利用可能な能力についての新しい――時には根本的に異なる――評価をもたらす。私はまたアメリカ人がこうした問題に取り組む際にある種の行動様式が存在することも示した。すなわちアメリカ人は予期しない危険に直面した時、その責任範囲を縮小するよりもむしろ拡大する傾向があるということである。逃げたり隠れたりするのは我々アメリカ人の習慣にはめったに見られない。

したがって合衆国領土に対する一回目の奇襲――一八一四年八月のイギリスによるワシントン占領とその結果として起った連邦議会議事堂とホワイトハウスの炎上――の後、一〇年間にわたってアメリカの指導者達はアメリカの国益を拡大することによってアメリカに対する将来の挑戦の機先を制する戦略を発展させたのである。その戦略の主要な要素は、襲撃者が隣接する諸国家の弱さを悪用するかもしれない場所、あるいは弱体な国家がより強力な国家にプレゼンスを確立する気にさせるかもしれない場所への先制であり、合衆国が自らの安全保障を確保するのに他のいかなる国にも頼る必要がないようにする単独行動主義、そして最後に北アメリカ大陸における覇権の確立である。それはいくつかの国家間の均衡よりも、アメリカの力の圧倒的優位を反映する国際システムの支配が望ましいからであり、均衡を維持することがヨーロッパにもたらしたものは戦争の可能性と商業上の競争および革命だけであったとする考え方である。

歴史とそれが生み出した心理を前提とすれば、九月一一日の後、アメリカの指導者が喪失したように思われた国家の安全保障を取り戻そうと急いだ時に、先制、単独行動主義そして覇権への選好が再び姿を現わしたことはほとんど驚くべきことではないだろう。根が深いものは簡単には消え去らないものである。その人間としての個性がいくつかの側面で明らかに大きく異なっていたとしても、ジョン・クインシー・アダムズとジョージ・W・ブッシュには国家安全保障問題の理解において互いにそれほどの相違はなかったと思われる。

しかしながら個性におけるいくつかの類似にもかかわらず、フランクリン・D・ローズヴェルトとジョージ・W・ブッシュにはおそらく国家安全保障問題への理解において大きな違いがある。真珠湾に対する奇襲の後にアメリカの責任範囲も劇的に拡大したが、それは先制、単独行動主義、あるいは少なくとも公然とした覇権の追求によるものではない。歴史家が理解し始めたようにローズヴェルトは最も影響力のあった二〇世紀の大戦略家であるから、長きにわたって定着した一九世紀のそれらの経験を彼が拒絶した理由を詮索することには意味がある。ローズヴェルト政権の政策は第二次世界大戦のみならず冷戦におけるアメリカの行動を幅広く形作ることになったのである。(3)

◇　二〇世紀の戦略環境　◇

アメリカの指導者達が一九四一年以前の少なくとも半世紀にわたって悩んでいたものの、解決することができなかった問題から検討をはじめるのが最も適切であろう。それはアメリカの安全保障を確実にするためにはどこまでアメリカの責任範囲を拡大する必要があるのかという問題である。唯一の潜在的挑戦者がヨーロッパの国家であって、遠い距離を超えて軍事力を投射できる唯一の手段が帆船であった時代には、その答えは十分明確であった。当時最も多くの帆船を保有していたのが、西半球に将来植民地ができることを阻止するというアメリカの目的に同意していたイギリスであったからである。そうした状況の下ではアメリカ合衆国は北アメリカ大陸を支配することで十分だったのである。しかしながら二〇世紀になるまでにはその状況は変化していた。その主要な理由は、アメリカの最も重要な戦略的資産、すなわちアメリカを脅かそうとする国からの地理的隔絶を縮小させた輸送革命であった。

ナポレオンやネルソンが使えた軍隊や艦隊は、アンドリュー・ジャクソンの時代にあっても、二千年前にハンニバルやカエサルに指揮されたそれよりもわずかに速く移動できたに過ぎなかった。しかし一八五〇年代初頭のクリミア戦争までには海軍艦艇の推進力として風力のみならず蒸気を利用することが可能になり、その結果、速度と機動性が著しく向上した。一〇年後のアメリカ南北戦争までには陸軍は鉄道で移動するようになり、地上戦の遂行に顕著な影響を与えた。そして米西戦争終結後まもない一九〇三年、オハイオ州デイトン出身の創意工夫に熱心な二人の自転車機械工が翼を内燃機関に取り付け、陸および海の戦争と同じように空からの戦争の遂行を可能にしたのであった。アダムズの戦略の中心的な前提は距離そのものが防衛の手段であるということであった。しかし今や距離は克服されたのだった。

驚くべきことは、こうした技術革新がアメリカ人の国家安全保障観に革命的変化をもたらしたことではなく、むしろ変化が起るのに非常に長い時間を要したということである。アメリカ合衆国が第一次世界大戦に介入するかなり前には、戦争態様の性質が劇的に変化したということは明らかであった。しかしそうした変化にいかに対処すべきかということについて、アメリカが第二次世界大戦に参戦するまで意見の一致は見られなかった。私が思うにその理由は真珠湾攻撃前の一〇年間の様々な出来事にもかかわらず、我々がサミュエル・ジョンソン博士のテストとでも呼ぶべきものに直面するほど、アメリカ人に大きな衝撃を与えることが何事もなかったからではないだろうか。そのテストとは博士がかつて批評したように、「人は自分が二週間のうちに絞首刑に処せられると知ったら、それは間違いなくその人の精神をすばらしく集中させる」ということである。(4) 著しく変化した戦略環境にもかかわらず、一九四一年一二月七日以前の危険は、人を納得させるほど明白かつ今そこにあるものではなかったので、アメリカ人が精神を集中させることに失敗したのも当然の結果であった。

たとえば一つの敵対的国家が世界の重要な地域の支配権を握る可能性から危険が迫り、それがアメリカの安全保障を脅かすと考えられたであろうか。セオドア・ローズヴェルトはその可能性があると考え、海軍力を誇示し、また挑戦者をヨーロッパと北東アジアの勢力均衡に専念させることを企図した機略縦横の外交によって、そうした事態の発生を防止しようと努力した。ますます統合されていく世界経済のなかで、海外市場へのアクセスが死活的なものとなりうる場合に、そこから合衆国が締め出される可能性がアメリカの繁栄にとって危険となったであろうか。ウィリアム・ハワード・タフトはその可能性があると信じ、アメリカ外交政策の優先順位をローズヴェルトの均衡《バランシング》の追求から、公平に広がった国際法の枠組みのなかでの商業的機会の拡大へと転換させた。アメリカ的民主主義のモデルが世界の他の国々には結局は適用できないという可能性から、すなわち民主主義の拒絶から危険が生じたであろうか。ウッドロー・ウィルソンはこの危険を確信し、彼がメキシコ人に対して「良い人間」を選挙で選べとかつて述べたように、世界中の人々を「教化する」努力を支持してタフトの重視した「ドル外交」を転換した。

これらすべての懸念が一九一七年に一つになって過去の実践からの劇的な――一時的ではあったが――転換を生み出した。第一次世界大戦に同盟側に立って介入するとウィルソンが決断したのである。彼は直ちに、ドイツが勝利した場合のヨーロッパの勢力均衡について懸念し、イギリスとフランスが敗北した場合のアメリカ経済への打撃を恐れ、同時に戦争がもたらした機会によって、民主主義の大義が世界中に広められるということについて楽観的であった。参戦の効果は決定的であった。一九一八年、アメリカ軍のヨーロッパへの到着は西部戦線における戦局に決定的な影響を与え、ドイツを崩壊へと導いたのである。そして少なくともウィルソンの頭のなかでは、アメリカの安全保障を確保するために、アメリカの責任範囲をどこまで拡大しなければならないかという問題は今や解決された。それは世界中に拡大されるのであった。

ウィルソンの国際連盟についての概念は、将来世界中のどこであれ侵略が起ったならばそれに抵抗して集団的に行動するため、すべての加盟国ならびに合衆国の確実な関与を必要とするものであった。第一次世界大戦は、安全保障というものが縫い目のない織物のようなもので、もしどこかがほつれたら織物すべてがばらばらになってしまうことを示した。したがって国際社会はそうした平和への脅威が発展するのを阻止し、平和の破壊者が誰であれ必要ならばそれに対し報復しなければならないのである。(5)

しかしながら一人の指導者の頭のなかで革命のようなことが生じるのは、その指導者が他の人々に対して同じように考えるように説得するよりもずっと簡単なことである。ウィルソンはこの事実を同胞によって悟らされた。ドイツの敗北によってそれに匹敵するほどの確かな差し迫った危険の源泉はなくなった。各種兵器における技術革命にもかかわらず、慈悲深いイギリスが合衆国を他の世界から隔てている距離を超えて軍事力を展開できる唯一の国となり、地政学的には一九世紀のほぼ全期間を通じて存在した状況に逆戻りしたように思われたのであった。したがって、アメリカの国益に影響を与えるとは思われないのに、怒れるヨーロッパ人あるいはアジア人の複雑で非生産的な競争になぜ巻き込まれなければならないのだろうか。アメリカ人は安全であるためにさほど一生懸命努力する必要がないという意味でC・ヴァン・ウッドワードが「無償の安全保障」と呼んだおなじみの感情が再び幅をきかせるようになった。

その結果上院はウィルソンの国際連盟を拒否し、アメリカ国民も同じく断固としてウィルソンが訴えた国際的責任を拡大することを拒絶した。(6) その代わりに、彼らは責任範囲を一九世紀のほぼ全期間に負っていた程度にまで縮小したのである。戦争の影響によって拡大した貿易と投資の機会から利益を得る努力のみが例外であった。そしてアメリカ合衆国は、他の諸大国に対処するにあたっての単独行動主義と結びついた西半球における覇権に満足し、また他の諸大国がウィルソンの青写真を使って創ることができた国際システムを運営するための未熟な組織にも満足したのである。その結果はほとんど先例がないものとなった。すなわち物質的にも精神的にも巨大な力を蓄積し、また依然として保持していた国家がその大半を使うことを拒んだのである。

一九世紀アメリカ大戦略の第三の構成要素である先制はどうであろうか。一八九八年にフィリピンを獲得したことを除けば、このドクトリンは常に西半球内の潜在的脅威に対して適用されてきた。第一次世界大戦後にはこの先制はほとんどみられず、その結果一九二〇年代のラテン・アメリカ政策は軍事力の使用から離れていった(7)。他の場所での最初の明白な挑戦は一九三一年になってからの日本の満洲への侵略であったが、そこはアメリカの防衛にとって死活的であるとはまず考えられない場所であった。たとえ死活的な地域であったとしても大恐慌の始まりは行動しようとするいかなる傾向も抑制したと思われる。戦争をすることで繁栄を回復することがあるという発見は次の一〇年を待たねばならなかった(8)。

アメリカの反応は一九三五年にムッソリーニがエチオピアを侵略した時、また新たに再軍備したドイツのヒトラー政権が一九三六年にラインラントを再占領した時もほとんど同じであった。フランクリン・D・ローズヴェルトはそうした事態の推移を懸念していたにもかかわらず、戦争が勃発した時に、侵略者にも侵略の犠牲者にも不偏不党でいることを命じた一九三五年から三七年の中立法によって、彼は合衆国議会からの増大する制約の下にいることに気が付いた。たとえそうした法律上の障害がなくとも、侵略者の最終的な標的であるヨーロッパの民主主義国が侵略者を宥和しようと堅く決心しているように見えたのでローズヴェルトはヨーロッパの侵略者へのいかなる先制も

困難であるとみていたと思われる。(9)

ヨーロッパとアジアの両地域で危険が急速に増大し、海軍と航空技術の発展がアメリカとそれら地域を隔てる空間を縮小させていたこの一〇年において、依然としてアメリカは著しく消極的であった。こうした趨勢に抵抗していたローズヴェルトの努力にもかかわらず、ジェファーソンとマディソンの両政権が、絶望感に駆られつつも拡大するヨーロッパの戦争への中立を同じように維持しようとしていた一八一二年の戦争以前のどの時期よりも、一九三〇年代後半にアメリカは脅威に直面して身を隠す行動《ハイディング》に近づいていった。こと歴史に及ぶと話の巧みであったローズヴェルトは自ら、一九三九年九月の議会演説のなかで類似点に特に言及した。この初期の外界から身を隠そうとする試みは、その意図とは反対に戦争に巻き込まれる結果を招いただけではなく「我々が今日集まっている連邦議会議事堂が一八一四年に一部炎上」したような結果をも招いた「破滅的な失敗」であると注意を喚起したのだった。(10)

◇　フランクリン・ローズヴェルトの大戦略　◇

一九世紀の戦略が、距離が縮小し、したがって脆弱性が高まった二〇世紀の世界で国家の安全保障を確保することができるという幻想を払拭するには、その後二年間とそして猛烈に衝撃的な奇襲を必要とした。しかし一九四一年一二月七日の晩にアメリカ人が日曜日の夕食の席に着くまでにはこの問題ははっきりと解決したのだった。アメリカ合衆国が直面していた危険を過小評価していていたこと、そしてまたその責任範囲が大きく拡大するであろうことは、一八一四年八月の後にあっては徐々に明らかになったことであるが、この場合はそれらが即座に明らかになった。その拡大を創り出した中心人物は、ジョン・クインシー・アダムズが彼の時代にそうであったのと同様に、その時代に大きな影響力を及ぼしたフランクリン・D・ローズヴェルトであった。

ローズヴェルトの戦略家としての能力は必ずしも高く評価されてきたわけではなかった。彼の直属の部下達は国内政治と大国外交の複雑さのなかを縫うように進むローズヴェルトの遠回りで即席の手法に失望し、その手法を不可解に思い、警戒感すら抱くことがあった[11]。かつて歴史家はローズヴェルトについて、彼が優柔不断であったために侵略者に立ち向かうには遅きに失したこと、その後、独日両国との戦争に同時に突入する失策を演じたこと、また最も緊密な同盟国イギリスのウィンストン・チャーチルの忠告に反して地政学的利益ではなく軍事的考慮からアメリカの行動を決定したこと、さらに戦時の最も強力な同盟国であったソ連のスターリンとの関係においてあまりに愚直であったために、引き続いて発生せざるを得なかった冷戦を予期することに失敗し、それによってヨーロッパの半分を半世紀にわたってソ連の支配に引き渡してしまったことを非難した[12]。

しかし歴史上の評価は、帝国がそうであるように盛衰するものである。侵略が利益をもたらし、他方で戦争を阻止する手段が欠如した国際システムのなかでアメリカが安全でいられるなどということをローズヴェルトが信じていなかったことは今では明らかである。彼はこの意味で、国際安全保障を縫い目のない織物にたとえることを原理として完全に受け入れるウィルソニアンであった。しかしながらローズヴェルトはまたウィルソンよりもずっと手腕に長けた指導者であった。なぜなら、彼はウィルソンとは異なり宣言された国益が実際の能力を超えて拡大しないようにする必要性を決して無視しなかったからである。これがローズヴェルトの非一貫性を説明する巨大な一貫性なのである。これは、彼の戦略が勝者となったアメリカが開戦時よりもずっと強力な国家となって、二つの別々の戦争をほぼ同時に終らせたという事実の説明に有効である。またこれはなぜ今日のほとんどの学者が達識にして論争を好むイギリスの歴史家A・J・P・テイラーが一九六五年の著作の脚註に埋め込んだ見解にほぼ同意していることへの説明にも有効である。その見解とは「三大国首脳のなかでローズヴェルトは自分がしていることを理解していた唯一の首脳である。彼はアメリカ合衆国を事実上代償なしに世界最強の国家に築きあげた(13)」というものである。

もちろんここでテイラーは誇張している。第二次世界大戦の間、アメリカ人は生命と財産双方の代償を支払った。しかしそうした代償が他のすべての主要参戦国が被ったものよりもはるかに小さなものであることを指摘したことについて彼は正しかった。結果としてアメリカ合衆国は自らを西半球の支配に制限していた戦略から、世界戦争の勝利をめざし、そしてそれに続く平和を維持するための戦略に著しく短期間のうちに移行することができたのである。これと同様に重要なことは、ローズヴェルトがアダムズの戦略における三つの主要な構成要素のうち単独行動主義と先制の二つを取り入れるよりはむしろ放棄することによって残りの一つである覇権の拡大に成功したという事実である。

ローズヴェルトに至るまでのアダムズや彼に続くアメリカ外交政策を形成してきた人々はアメリカの国益を達成するために他の大国と明示的な協力をすることを拒絶してきた。彼らは行動の自由を非常に価値あるものと考えたため、伝統的外交が公式の同盟において常に認めていた利益を捨てる覚悟ができていた——もっともアメリカの独立を確実にした一七七八年のフランスとの同盟はその種の伝統的な同盟ではあったが。こうして、たとえ合衆国がモンロー・ドクトリンを実施するためにイギリス海軍の力に頼っていたとしても、アメリカはその依存を認めることは決してなかったのである。共通の敵の出現もこうした行動の形を変えることはなかった。かくしてウィルソンは第一次世界大戦においてアメリカは「提携した」国家であって「同盟した」国家ではないと主張したのである。

しかしローズヴェルトは真珠湾以前においてさえこの単独行動主義の伝統を取り除く方向にかなり近づいていった。ローズヴェルトは今やアメリカの安全保障にとって死活的に重要なのは単にイギリスの防衛だけではないとして、一九四一年の武器貸与法への支持を確保するために議会と国民を説得した。六月に開始されたドイツのソ連侵略の後ではソ連の生き残りそのものもまたアメリカの安全保障にとって死活的に重要となったのである。わずか五年前には差し迫ったヨーロッパの戦争に直面して中立というジェファーソニアンの前例が復活したことを考えれば、これはアメリカにとって驚くべき政策の転換であった。真珠湾攻撃から三週間後、ローズヴェルトは他国との協力を公式なものとした。それはアメリカとイギリスそしてソ連を単に結びつける同盟などではなく「大同盟」なのであった。次に来るべきものはより広範囲にわたる組織の原則のために戦うことであり、大統領の目にまだほんの小さな光として映っているに過ぎなかった。それは後の国際連合であった。

それではアメリカの単独行動主義はどうなったのだろうか。第一にアメリカはジョンソン博士のテストに直面した。合衆国がその安全保障を伝統的に依拠してきた大西洋と太平洋の両洋の彼方に明白かつ現在の危険が存在し、海洋の距離はすでに安全の拠り所ではなくなっていた。第二に徐々に骨抜きにされつつも持続していた法的中立はあったものの、ドイツと日本の侵略に関しては道義的な中立の可能性はまったくなかった。一九三八年のミュンヘン会談はヨーロッパにとどまらずアジアにおいても宥和の危険性を痛ましいほどに明らかにした(14)。最終的に一二月七日、合衆国は日本によって文字通り攻撃され、その四日後、ヒトラーの合衆国に対するまことに愚かな宣戦布告によって象徴的に攻撃された。この時までに再軍備は順調に進んでいた。実際ローズヴェルトはすでに、もし技術的に実現可能であることが判明すれば原子兵器を装備することになる、世界第一の空軍の建設に着手していた。(15) しかしながらこうした軍事能力の開発には時間がかかると思われ、原子爆弾のような能力については間に合わないかもしれなかった。しばらくの間は敵が勝たないようにすることが絶対に必要であった。同盟はそのための唯一の方法であったのである。

しかしながら単独行動主義をもはや作動させられない事情にはより隠微な他の理由が存在した。ローズヴェルトは少なくともヨーロッパにおいては戦いの大部分を同盟国に引き受けてもらうつもりであったのである。これは真珠湾攻撃以前の彼の「民主主義の兵器廠」という概念に暗に示されている。アメリカは武器を供給するけれども、イギリス人とロシア人が実際にそれらを使うということである。しかし、しばしば明確に理解されていないのはアメリカが参戦した後にローズヴェルトはその目的をどこまで維持したかということである。今やアメリカ人を戦闘に送り込むことは避けられないが、死傷者を最小限にし、それにより第一次世界大戦に参戦したすべてのヨーロッパ諸国をある意味でみな敗北者にさせた大量殺戮を回避する方法は存在したのである。それは同盟国の救援に赴くと同時に同盟国に依存することであった。

単独行動主義に関する最後の問題は戦争の後に続く平和取り決めに関係するものである。米英ソの大同盟は必要性から生じたものであり共感から生じたものではない。個人的な友情にもかかわらずローズヴェルトとチャーチルは戦後世界について異なった展望を有しており、それはとりわけ市場の開放と〔英仏植民地〕帝国の将来について顕著であった。しかしながらそうした戦後世界の展望についての相違はソ連に隣接する国々にとっては重大ではなかった。スターリンの独裁は少なくともヒトラーのそれと同じくらい横暴であり、自国市民殺害の記録はさらに酷いものであった。ソ連は自らの直接の利益は別として、世界を民主主義や資本主義、その他諸々のものにとって安全にしようと考えていなかったことは明らかである。けれどもローズヴェルトの戦略はソ連を戦争に留めておくことを必要とした。なぜなら一人のアメリカ人が戦死する間に約六〇人のロシア人が戦死していたからである。それではいかにしてアメリカの利益と赤軍の能力を調整すればよいのだろうか。

ローズヴェルトの答えは競合する各国独自の優先事項を協調的な多国間枠組みのなかに埋め込むことであった。誰にとっても、もう一つの大戦争を戦うことに利益はないのだから、国益の追求が必ずしも集団的利益の出現を排除するとは限らないとローズヴェルトは論じた。したがって、もし現在戦われている戦争が新たな戦争を防ぐ構造と手続きを構築する動機を提供することができるなら、それによってすべての国が利益を得るというのである。これはローズヴェルトの戦時外交の鍵となるもので、それは軍事力の展開と同じくらい彼の大戦略において重きをなしていた。しかしそれはウィルソンの失敗という一つの教訓となった実例と同じく、アメリカがそれ以前に試みてきたすべてとまったく相反する外交であった。

というのは今や拡大されようとしているのは単にアメリカの責任範囲だけではなかったからであ

る。ローズヴェルトの多国間主義の構想のなかには、それまでアメリカ人が外部の世界について常に考えていたことの否定もまた暗に含まれていた。アダムズの戦略はアメリカ自身の例外主義を当然のこととしていた。つまり他の国々はこれまでも、そしてこれからも決して我々アメリカとは同じではないというのであった。アメリカの任務は世界を改革することではなく、むしろそのなかで我々アメリカ人が安全でいられるように留意することであるとアダムズは主張した。ウィルソンはより幅広い可能性を思い描いた。それは、もし民主主義と資本主義が世界中に広まれば安全保障は自然にもたらされるというものであった。しかしウィルソンはこの利益が国外では合衆国が達成できる限度を超えることを放置し、国内ではアメリカ人が受け入れられる限度を超えることを黙過してしまった。ローズヴェルトは今やウィルソニアンの事業を復活させたが、それはその事業と、誰が力を持ち、また力を持つ者はその力をどのように行使するのかという冷酷で時には残忍でさえある計算とを結びつけることに細心の注意が払われた。

ローズヴェルトは一九四二年に、ナポレオンに対して結成されたかつての四国同盟〔一八一五年〕に幾分似ているものからこれに着手した。ローズヴェルトの提案はアメリカ合衆国、イギリス、ソ連、そして蔣介石の中国からなる「四人の警察官」が文字通り戦後世界を支配して、協力しない者に対しては爆撃するというものであった。しかしローズヴェルトはこの方法では民主主義がいつまでたっても機能することができないということを理解していた。そこでローズヴェルトはこのリアリストの展望と、最初に四つの自由および大西洋憲章に表現され、後に国際連合として制度化されたウィルソン的な理想主義のローズヴェルト版を結びつけたのであった。続いてローズヴェルトは同様に重要な一連の経済的基盤を、もし全世界的な不況に再び陥ったら国際協調に何が生じるかを一九三〇年代の経験から学び、ブレトン・ウッズ体制という形で付け加えた。

またローズヴェルトはこれらすべての組織でアメリカ合衆国の優位を確保することをひそかに追求した。四人の警察官の一人として国民党中国を含めた目的はそのグループのなかでワシントンの意のままになる代理票を得るためであり、国連安全保障理事会での拒否権の導入は安保理がアメリカの国益に反するような行動をとらないことを確実にするためであった。さらにブレトン・ウッズの目的はアメリカが戦争を終らせるのを確実にした経済的覇権を永続させるためであった。

それではなぜ同盟諸国はそのような利己的な取り決めに合意したのだろうか。なぜならドイツや日本に対して決定的な勝利を得られないという形であれ、戦後の経済の崩壊という形であれ、あるいは当のアメリカ人よりもさらに多くの人々からみて、第二次世界大戦の勃発につながったと思われる第一次世界大戦後のアメリカが一九世紀の単独行動主義へ回帰して撤退したこととの再演という形であれ、そうした取り決めが欠如していればより悪いことが起るという確信があったからである。ローズヴェルトが信じていたように、アメリカの覇権は今やグローバルなものであった。ジョン・クインシー・アダムズにとってはまったく想像できなかったと思われるが、それは同意によって成立することとなったのである。

◇ 第二次世界大戦における先制の機会 ◇

先制についてはどうなったのだろうか。潜在的な脅威に直面した時アメリカはそれらを排除する権利を有するという古い考え方には何が起ったのだろうか。第一に、奇襲攻撃の後では先制はほとんど意味をなさない。すでに標的は先制を受けてしまっているからである。損害の復旧にはしばらく時間を要するものの、先制がなされた後にあっては、脅威は今や潜在的なものではなく現実のものであり、敵対する双方は勝利に必要なことは何でもすることを前提としているから先制は無意味となる。たとえばミッドウェー海戦はアメリカ海軍が卓越した情報活動の成果によって日本艦隊の位置を予測していたので、それは実際には先制ではなかった。すでに戦争が行われているなかでの海上における待ち伏せに近いものであった。先制は一般的には一八一四年のイギリスのように奇襲を行った敵に対してではなく、一八一八年にジャクソンがスペイン領フロリダを侵略した際にこれをアダムズが擁護した時のように、次に敵になりそうな者に適用される。

しかしながら、先制は第二次世界大戦においてアメリカの選択肢として存在した。戦争の最終局面で次の敵対者になりそうな国が明らかになりつつあったからである。ローズヴェルトがスターリンを相互に受け入れ可能な戦後和平の枠組みのなかに組み込もうと最善の努力をしたにもかかわらず、一九四五年四月のローズヴェルトの死去までにはスターリンは多国間主義を受け入れないことを明らかにしていた。赤軍が到達し得た範囲と彼がかつて語ったように、東および中央ヨーロッパの勢力圏を単独で支配しようとしていたのは明らかであった。[16]その可能性はそのうちに明らかとなり、米英間でいくつかの方法による先制の議論が交わされた。第一に、ナチスの突然の崩壊の場合にはロシア人を締め出すために米英軍を可能な限りドイツの奥深くに進撃させる計画である。第二にチャーチルの着想で、第二戦線をフランスから、赤軍とヨーロッパの中心部の狭間に米英軍を差し込むような場所――チャーチルは地中海を望んだ――に移すというものである。第三に、一九四五年の春にドイツの降伏が実際に差し迫った際の、ベルリンをソ連占領地域に囲まれたままにするという以前合意された占領区域に基づいて米英軍の前進を停止するのではなく、ベルリンを獲得するために迅速な攻撃を行おうというチャーチルの要求である。[17]

これらの選択肢のうちの第一は、ナチスが突然崩壊しなかったため仮定にとどまった。ローズヴェルトは他の二つを却下したが、その理由については依然論争がなされている。確かにそれらに対しては軍事的な反対意見があり、それが最も大きな影響を与えた。大統領も連合欧州派遣軍最高司令官ドワイト・D・アイゼンハワー将軍も過度の死傷者を出すことにはためらいがある点で一致しており、アイゼンハワーが語ったように「純粋に政治的な目的」のために軍事作戦を危険に晒すつもりはなかった[18]。しかしローズヴェルトには他の考慮があったのではないかと私は疑っている。すなわち、もしナチス・ドイツの敗北後、熱戦であれ冷戦であれソ連との間に紛争が起ることになるならば、ローズヴェルトとしてはアメリカがそれを始めたと思われたくなかったのではないだろうか。このことについてローズヴェルトは明確に語ってはいない。これはローズヴェルトの行動、ことにチャーチルの忠告に従うことに躊躇したこと、アメリカはイタリアのドイツ軍の降伏について秘密交渉をしていたのではないかというスターリンの非難に対してと同じく、スターリンがヤルタ会談でのポーランドについての合意を守らなかったことに対してスターリンと対決することを躊躇したことから私が推測したものである。一方、ローズヴェルトは一九四一年秋に同様の論理を用いて、日本人を「巧みに操って最初の一発を撃たせる」と語っているのである[19]。

ローズヴェルトがここで語っているのは軍事行動というものは道義性と結び付けられる必要があるということである。明白かつ現在ある危険に対してさえ先制することは、軍事力行使を始めることへの責任を負うことであり、それは常に代償を伴うものである。一八一八年のスペイン領フロリダとアダムズの例では、スペインが大陸横断国境線の交渉を打ち切るかもしれないという危険があり、ジャクソン将軍がイギリス臣民を処刑したことに対してイギリスが報復するかもしれないという危険があった。幸運と交渉手腕が一緒になってアダムズはこれらの危険を回避した。メキシコ戦争におけるポークはそれほど幸運ではなかった。先制したことによってポークは彼が戦争を始めたとして戦争の間非難を浴びた。そしてこの非難は奴隷州の「陰謀」であるという主張に発展し、それはついには民主党とホイッグ党を分裂させ南北戦争勃発の一因ともなったのである。フィリピンにおけるマッキンレーの例では、先制は、遠方の植民地の獲得は容易ではなく、アメリカがそれ以上の植民地を獲得することをやめるという遺産を残した。結局、一九三四年にフィリピン人に対し将来の独立を約束したが、その約束をしたのはローズヴェルト自身であった。

先制に対してなぜこのような不快感が持たれ、時が経つにつれてなぜ大きくなっていったのだろうか。恐らくそれはアメリカ人自身が国内の法体制に持っている基準と関係があったのかもしれない。それはまさに攻撃を受けようとしていると確信したからといって敵対者を攻撃することは、たとえそれがいかに心理的に満足するものであっても、それは法律的に十分正当化できるものではないというものである。もしかしたらそれは、依然として他のほとんどの国とは異なっていると考えているアメリカに期待する行動と関係があったのかもしれない。民主主義の国は戦争を始めない、あるいは少なくとも始めるべきではないというものである。恐らくそれは、アメリカが世界における自らの役割をより深く意識し始めるにつれて、世界はやがて、アメリカを非の打ち所のない模範として従うようになるかもしれないという期待と関係があったのかもしれない。ローズヴェルトと迫りくるソ連との対決に関してはそれらすべてが関わり、他方において宣言された国益は実際の能力を超えるべきではないとするローズヴェルトの首尾一貫した大きな原則と関係があったと私は考えている。

ローズヴェルトは、ソ連がナチス・ドイツとの戦争で甚大な損害を引き受けて勝利に貢献したために、アメリカとヨーロッパの大部分において、ソ連が一九四五年に依然として非常に大きな好意を集めていたことから生じるあらゆる問題を承知していた。そのソ連に対してあまりに不意に態度を変えることは、海外においてアメリカの大義の下に同盟諸国の支持を得ることがより難しくなる一方で、国内では反撥を引き起す可能性があった。たとえ軍事的に実行可能であったとしても、先制の代価はあまりにも大きなものになっていたであろう。もし戦後にロシア人との闘争があるのだとしたら、ローズヴェルトはロシア人に「最初の一発を撃って」欲しかったのである。

◇単独行動と先制の否定がもたらした覇権◇

冷戦期におけるアメリカ大戦略の歴史における顕著な特徴は、アメリカが一国で行動することが稀であったこと、ならびに先制の考え方とそれに関連した核時代の概念である予防戦争に対して政府首脳に抵抗感が持たれていたことである。[20] この意味で、第二次世界大戦後の戦略家は、一九世紀全般にわたっておよび二〇世紀の最初の四〇年間を通じて外部世界に対するアメリカの行動にきわめて強く影響を与えたアダムズの遺産をローズヴェルトが拒絶したのと同じように、徹頭徹尾それを拒絶した。しかし冷戦に終結がめぐってきた時アダムズはそれを嘆くことはほとんどなかったと思われる。なぜなら、アダムズの卓越した原則のうちの二つを放棄したことは、第三のそして最も重要なものである覇権、すなわち勢力均衡ではなく、現代にあっては全世界的規模での力の圧倒的優越を獲得したからである。これはいかにして起ったのだろうか。

封じこめ戦略から述べると、一九四六年から四七年にかけてのその戦略の出現は、ソ連との協力というローズヴェルトの希望がまったく潰えたことをトルーマン政権が認めたことを示したものである。(21) 封じこめが意味していたのは、比喩的に言えば壁のようなものを構築することであった。すなわち世界は分割され、ソ連は分割が作り出した障壁の背後に封じこめられるのである。それは当時の多くの人々にとっては依然として、紛争の予測が、紛争を現実のものにする危険を冒した先制的アプローチのように見えた。「二つの生活様式」に分割された世界という身も蓋もない特徴づけを行った一九四七年三月のトルーマン・ドクトリンの演説はまさにそうした理由で批判を誘発した。ソ連が東ヨーロッパでやっていることに対していかに大きな反感を持っていても、大統領の言葉遣いが最初の一発を撃つものとなった。

トルーマン政権はマーシャル・プランによってその損害を修復するために迅速に行動した。これは間違いなく歴史上最も想像力に富み、そして成功した大戦略レベルの巧妙な措置であった。一九四七年六月ハーヴァード大学でジョージ・C・マーシャル国務長官によって概要が示された時、その提案は単独の国益を多国間の枠組みのなかに包み込むというローズヴェルトの考え方を保持し、ブレトン・ウッズ体制のようにマーシャル・プランは誰も公然と反対できない利益に訴えるものであり、その利益とは戦後の経済復興であった。他方においてマーシャル・プランはアメリカとその西ヨーロッパにおける同盟諸国の国益を増進するように立案された冷戦戦略をきわめて色濃く反映していた。それは、ヨーロッパ全体がソ連という選択肢を受け入れるようになるかもしれないある種の絶望に屈服するのを見過ごすよりは、ヨーロッパの半分を救う方がよいという理由からヨーロッパを分裂させることを意味した。[22] この事例における問題はいかにしてスターリンに最初の一発を撃たせるかではなく、スターリンがほどなく封じこめられることになる壁をいかにしてスターリンに作らせるかということであった。

その解答を用意したのはもう一人のアメリカの偉大な戦略家であるジョージ・F・ケナンであり、思うにそれはローズヴェルトも満足するようなやり方であった。それはマーシャル・プランによる援助をスターリンが拒絶し、スターリンが支配する衛星国もそれを受け入れることを彼が禁止するであろうとの期待の下に、マーシャル・プランの援助を東ヨーロッパならびにソ連にも申し出るというものであった。ケナンにとっては不安な二、三日の後、それは実際に起った。それ以後アメリカ人はヨーロッパにおいて道徳的に高い位置を占め、彼らはそれを決して放棄することはなかった。これが拡大された責任範囲であるヨーロッパでの勢力圏をヨーロッパ人の同意を得ながら維持することができた理由であり、この点は、創設された中央情報局が操作を試みる必要性を感じた選挙がわずかにあったものの、西ヨーロッパ内で行われた自由選挙によって何度も実証されたのである。(24) そうした選挙はソ連の勢力圏内では行うことができなかった。なぜなら、もし自由選挙が行われようものなら、スターリンもフルシチョフもブレジネフもみな分かっていたように勢力圏が崩壊してしまうからである。現実にゴルバチョフが実際に自由選挙を許可した結果、勢力圏は崩壊してしまった。この意味で、多国間主義を採用する一方で先制を拒絶したことは合衆国と同盟諸国にとって非常に有益なことであったのである。

アメリカ政府当局者が類似したアプローチに従った二つ目の事例はローズヴェルトが真珠湾以前に作ることを決定した原子兵器に関わるものである。アメリカは一九四五年の夏に最初の実験を行ってから一九四九年にソ連が実験を行うまで原爆を独占していた。しかも優れた長距離爆撃能力ゆえに合衆国は一九五〇年代を通じて事実上の独占を維持していたのである。ではなぜアメリカは、ローズヴェルトが四人の警察官について分かりやすく述べたように、もしソ連が協調しないのならモスクワは爆撃されるだろうという脅しを背景に、東ヨーロッパにおけるソ連の支配体制、あるいはソ連の独裁体制それ自体をも解体することを要求する最後通牒を出さなかったのだろうか。まことに奇妙な組み合わせだが、ウィンストン・チャーチルとバートランド・ラッセルという二人のイギリス人は一九四八年にまさにそのような予防戦争（それは先制をはるかに超えるものであったであろう）を主張した。[25] 一九五〇年代初頭まで、トルーマン政権とアイゼンハワー政権が朝鮮戦争での軍事的行き詰まりの見通しに直面した時、両政権内部でそのような選択肢についての検討が改めてなされ、朝鮮戦争後アイゼンハワーと彼の顧問達が、ソ連の熱核兵器開発の進展によってアメリカの核の優位がまもなく「消耗性資産」になってしまう可能性が取り沙汰された時に再びそのような検討がなされた。

先制さらに予防についての検討はあったが決して行動には移されなかった。歴史家はその理由について様々な事情を指摘している。一九四〇年代末には核兵器を先行使用《ファースト・ユース》してソ連を確実に打倒するのに十分な原子爆弾を保有していないという懸念が存在した。朝鮮半島では適切な原爆の目標を見つけることが難しかった。その後には、大規模な核の使用が環境に与える影響への懸念が存在した。そして何よりも戦争行為として広島と長崎で核兵器を使用した道徳的重荷があり、それは実際、将来の使用に対して高いハードルを設定していた。しかし核兵器の使用を始めることに対するもう一つの重要な抑制はそれが多国間連合の盟主によって実行される単独行動——最初のそして想像を絶する破壊的な一発を発射すること——であり、その結果連合それ自体が崩壊するかもしれないというところにあった。したがって北大西洋条約機構［NATO］が戦争の際に核の先行使用に依存するようになったという皮肉にもかかわらず、戦争状態にない時、あるいは戦争が差し迫っているという見通しにおいても、核の先行使用は真剣に考えられることはなかったのである。[26]

歴史家が冷戦における危険の頂点とみなす時期、すなわち一九六二年一〇月、キューバにおけるソ連のミサイルが運用可能になる寸前の時点であってさえ、ジョン・F・ケネディ大統領と彼の補佐官達は先制を検討したもののそれを行わなかった。今日、我々にはロシア人がキューバに戦略核兵器、戦術核兵器の双方を配備していたことが分かっているので、これはきわめて賢明な行動であったと言える。ただしそれは当時知られておらず、代わりに認識されていたのは先制攻撃をすることが生み出す道義的コストの見通しである。アメリカ合衆国は最も明白で最も大きな危険が厳然と存在している状況においてさえ、真珠湾における日本の例に従わなかったと思われる。実際それはケネディが彼の補佐官達の討議を秘密裡に録音したテープによって明らかであり、真珠湾アナロジーを思い起すだけで、合衆国がそれを模倣する可能性を否定するのに十分であった(27)。

冷戦期のアメリカの先制に対する消極性の根本をなすものはローズヴェルトにまでさかのぼるもう一つの原則があると思われる。それはアメリカによる支配の見通しよりもさらに悪い何かが常に存在しているということである。その原則は一九世紀のほぼ全期間にわたる西半球におけるアメリカの覇権がそうであったように、覇権が抵抗を受けない場においてはほとんど関係がない。しかし冷戦のように覇権が争われ、もう一方の陣営への離反が常に可能な競争の場では大きな影響がある。強制ではなく同意によって覇権が存在するような状況においては力を維持することははるかに容易である。「より悪い何か」という原則はそうした事情を裏付けている(28)。

したがって第二次世界大戦後、アメリカの影響力はアメリカに従う国々の同意とともに拡大していった。ソ連の影響力も拡大したものの、そうした同意は存在しなかった。それはアメリカの指導者達がつとめて説明責任を明らかにしてきた事実によって大いに説明することができよう。彼らはアメリカ以外の世界が何を考えているかに注意を払い、それに応じて政策を形成しようとした。また彼らは構想と同じくらい直感によって国内の民主的な政治の実践を国際的に適用しようと努めた。ソ連の指導者達は国内での独裁制に沿った方法をとり、国際的な説明責任をほとんど重要視しなかった。そして説明責任を果たそうとしたわずかな事例では、それはアメリカやその同盟国よりもはるかに稚拙であった。結果として生じた正統性の非対称性、すなわち二つの勢力圏が存在し、そのうちの一つが他方よりも「より悪い何か」という印象を与えたことは冷戦がいかに戦われそして結局どちらが勝利するのかを大きく決定づけたのである。アメリカによる単独行動主義と先制の拒絶は、顧みてその結果をもたらすのに決定的なものとなった。

◇ テロの衝撃と一九世紀戦略への回帰 ◇

したがって奇襲攻撃への対処におけるフランクリン・D・ローズヴェルトの遺産はジョン・クインシー・アダムズのそれと比べて、両者の政策は共にアダムズは西半球の規模で、ローズヴェルトは世界大の規模で、究極的にはアメリカの力の圧倒的優位を達成しようとするものであったにもかかわらず、きわめて異なるものとなった。重要な相違は同意の問題である。アダムズは誰がモンロー・ドクトリンを歓迎するかどうか気にかけなかった。問題はそれを宣言することであって、それを強制することについては頼めばやってくれるイギリスに任せておいた。アダムズの時代、同盟はアメリカの行動の自由を妨げるのみで、その結果アメリカの安全保障を傷つけるものであった。世界はアメリカ合衆国に似たものには決してならないから、合衆国にとっては世界から遠く離れていることが最善であった。しかしながらローズヴェルトは同盟国に大きな注意を払った。同盟諸国が彼のために戦争に勝利をもたらし、平和を構築するための基礎を提供してくれるのであった。世界はそのうち合衆国に似たものとなり、したがって合衆国にとっては世界に関与していることが最善であった。そうしないということは「より悪い何か」に道をあけたままにしておくことを意味した。

冷戦終結後、「より悪い何か」が消滅した時何が起るかということについて活発な議論がなされた。ソ連が存在している間はアメリカの勢力圏のなかで生活することに魅力を見出すのは実に容易であった。ケナンや一九四七年に巧みにスターリンに自らを封じこめる壁を作らせるように導いたマーシャル・プランの考案者達以来、それは明らかであった。しかしアメリカ合衆国は一九九〇年代のほとんどを冷戦期に保持していた規模を上回るほどの世界的な覇権を保持しつつ、明白な敵対者がいない状態で駆け抜けてきた。ヨーロッパ連合であれ中国、ロシアであれ、または他の国あるいは国の集団であれ、勢力均衡理論が予測するようなアメリカに対抗する力の中心を構築する真剣な試みはなされなかった。その理由として大いに妥当すると思われるのはアメリカが冷戦期に必要があって発展させてきた自己抑制の習慣であり、それは冷戦終結後もまったく放棄されてしまうことはなかった。(29)

そして二〇〇一年九月一一日についにやって来た挑戦も、それは国家からのものなどではまったくなく、ギャングからのものであった。はたしてオサマ・ビン・ラディンや彼の後継者、あるいは彼を模倣する者達は、アメリカ合衆国が世界の同意によって、冷戦期に発展させた世界大の覇権を維持し、拡大さえすることを許容する「より悪い何か」になるのであろうか。攻撃の直後においては確かにそうなるように思われた。世界がそして世界のすべての人々が、フランス人が「我々はすべてアメリカ人だ」と叫んだ(30)ことを支持したのである。しかしそれ以降、「より悪い何か」という展望は次第に影を潜め、他方ブッシュ政権の行動が世界の多くの地域で将来のテロリストや彼らの支援国よりも、大きな脅威をもたらしていると見られるようになった。その理由は多国間主義や自己抑制よりもむしろ単独行動主義や先制に基礎をおいた覇権へのブッシュ政権の明白な転換にあるのではないかと思われる。それは二一世紀初頭に拙劣に実践された一九世紀の考え方である。その結果、同意を維持することが難しくなったのである。

これは大きな問題を提起している。なぜなら九・一一後の環境のなかで、我々が選択する手段が、我々が追求する目的を傷つける可能性があるからである。しかし我々が直面する新たな脅威を前提とすれば、我々が追求する目的は第二次世界大戦や冷戦を勝ち抜いた手段とは異なる手段によってのみ達成できる可能性もある。いずれにせよここでは以下のことだけは明らかである。すなわちディレンマは難しいものであり、その解決は奇襲と安全保障そして二一世紀におけるアメリカの経験の間にある関係を幅広く決定するであろう。

第四章　二一世紀

一八一四年のイギリスによるワシントン攻撃も一九四一年の日本による真珠湾攻撃も我々が今日、本土安全保障と呼んでいるものの失敗を露わにした。イギリスによる侵略はアメリカ合衆国がもはや自らの安全のためにヨーロッパの諸列強間の競争に依存することができなくなったことを示した。ヨーロッパでの戦争は過去においても、また今後も再び北アメリカ大陸に飛び火するかもしれなかった。日本による攻撃は合衆国がもはや危険を隔離するために北米大陸における覇権あるいは西半球における覇権にさえも依存できなくなったことを実証した。きわめて大きな距離を超えて軍事力を投射する新たな方法が出現したことは、世界のどこに位置する敵対的国家の出現も我々の安全保障を危険に晒すことができることを意味するようになった。

「国家」という語を強調することは重要である。なぜならそれは一八一四年と一九四一年の奇襲と二〇〇一年に起った奇襲とを区別するものであるからである。最初の二つの攻撃は実に軍事力というありふれた力の形態を思いもよらない方法で使用した国家からの攻撃であった。したがって、その対処策は外交と戦争についての伝統的な範囲に含まれるものである。合衆国はそうした敵を思いとどまらせ、抑止あるいは打倒することを追求することになるけれども、どのような対処策を選択するにしても、敵の領土の位置、攻撃手段、敵国の指導者とそれが動かしている政治体制はすべて識別でき、それに対処することになる。したがって、我々と敵を区別する相違にまたがっておおよそ共通の費用対便益の計算を想定することができる。敵対する理由が何であれ十分な程度の外交活動がそれを取り除くことができるかもしれない。もしそれができなかったら、報復能力の十分な蓄積が敵対している相手が我々を攻撃することを抑止するであろうし、もしそれも機能しなかったら、十分な軍事力の適用が結果的に問題の決着ないしは敵の降伏を強要することになる。

それらは二〇〇一年九月一一日の攻撃を実行したテロリストにはあてはまらない。アル・カイダはアフガニスタンの根拠地からテロ活動を行ったが、彼らはどこかの国の代わりに行動したのではなかった。オサマ・ビン・ラディンがテロ行動の開始以前にタリバンの主に相談したのか、あるいは報復が確実であるということを前提として、オサマ・ビン・ラディンがテロを行うとしたらタリバンがそれを承認したかどうかはまったく明らかではない。第二次世界大戦におけるナチス・ドイツや日本帝国の打倒がそれらの体制が生み出す脅威を排除したのと同じように、タリバンの殲滅あるいはそれに続くイラクへの侵攻が将来のテロリストによる攻撃の危険を除去したとは誰も主張することができない。外交や抑止が九・一一の攻撃を防ぐことができたとも思われない。なぜならそうした方法は、敵対する者が確保したいと望む利益――それが彼らの体制の生き残りにせよ単に彼ら自身の生き残りにせよ――を持った識別できる存在である必要があるからである。テロリストは、誰から提供されたのか分からないようなその聖域から、国家が決してできないような攻撃を行った。影のような者とどのように交渉すればよいのだろうか。さらに彼らは自らの生き残りには無関心である。自殺しようとしている者をどのように抑止したらよいのだろうか。

明確な後援者なしに活動する無政府主義者、暗殺者、破壊活動家は常に存在し、彼らの多くはその活動にあたって命を危険に晒すことを顧みなかった。(1) しかしながら過去において一つのテロ行為が国家や社会の安定を揺さぶることはまれであった。なぜならテロリストが標的とした犠牲者の数や引き起した損害の規模が比較的小さかったからである。しばしば第一次世界大戦を引き起したといわれる一九一四年のサライェヴォにおけるフランツ・フェルディナント大公の暗殺でさえ、外交の不手際や機械的に進められた軍隊の動員、また事件直後に急速に広がった大衆の戦争への熱狂がなければ、第一次世界大戦勃発という結果をもたらすことはなかったと思われる。テロリストは一般的に一つの体制を崩壊ないし転覆させたりするために何年あるいは何十年という長きにわたる一連の攻撃を必要とする。そうした場合でも、アイルランド共和軍やパレスチナ解放機構、バスクの分離主義者、タミルの虎、コロンビアの麻薬王らが悟ったように成功の保証はないのである。

九・一一はこの点でも新しいところがある。その攻撃は政治体制を不安定にすることはなかった

――結果はまさに逆である――けれども、テロリスト達は確かに社会を震撼させたのである。被った犠牲者の数や損害の大きさは従前のテロに類例を見ないものである。実際、使われた資源に対して不釣り合いなほどの大きな被害は在来型の軍事作戦では考えられないものであろう。ジョージ・W・ブッシュ大統領が自ら指摘したように、「今まで［テロリストが］引き起したすべての混乱と被害は戦車一両の価格よりもずっと小額であった(2)」。換言すれば、テロリストは一九人の命と二～三〇万ドルの費用でざっと三〇〇〇人を殺害し、一〇〇〇億ドルの損害を与え、そして我々の時代の特質を再定義したのだった。

我々の冷戦の勝利にもかかわらず、また冷戦後の国防費は他のどの国よりもはるかに大きく、さらにある評論家の言葉で言えばアメリカ合衆国を「ハイパー・パワー」にしている経済と文化の優勢にもかかわらず、アメリカは国民が日々の生活を営む自国の領土において自らの市民を守ることができないことが明らかになったのである(3)。ウィンストン・チャーチルの表現に倣えば、人間の歴史のなかで、これほど小人数の行動がこれほど多くの人々にとってこれほど恐るべきものとなったことはなかった。

少なくともこれが、アメリカ人が二〇〇一年九月一一日に夕食の席に着いた時に見たものである。我々は、我々の祖先が前進するフロンティアに沿って社会を杭で区画していた時以来――政府の保護はその後を追いかけてもたらされていたが――経験したことのない、個人の危険が存在した時代にまで引き戻されたように思われた。生命の危険を恐れることなく我々の生活を営む権利――C・ヴァン・ウッドワードが「無償の安全保障」の期待と表現したもの――が根本から再び疑問視されることになったのである。二つの世界大戦や冷戦でも経験しなかったような本土安全保障の欠如が我々の歴史における初期の頃のようにもう一度現われたのである。

今回の安全保障の欠如は他の国々の本土にも同様に拡大した。なぜならそうした攻撃は地球上のあらゆる大都市で容易に起る可能性があり、すべてが等しく無防備だからである。この新しい戦争において標的となりうるのは、まさに織物のようなもので、それを通じて現代社会が機能するようなインフラである。そして攻撃しようとするものは、ほとんど至るところに姿を現わし、単に敵対国家だけでなく悪党の集団やあるいは個人でさえあり、攻撃者は自らに好都合の時間、場所、攻撃方法を選ぶことができるのである。九・一一は我々が「文明」と考えたいものを危険きわまりないフロンティアに引き戻し、至るところの政府を大わらわでそれに対処させている。

◇　冷戦後の戦略環境の変容とアメリカの錯誤　◇

合衆国国家安全保障・二一世紀委員会は二〇〇一年三月一五日に公表した最終報告書で「非通常兵器の拡散と持続している国際テロリズムとの結合は、破滅的な攻撃からアメリカ本土が比較的に非脆弱であった状況を終らせるであろう」と公に警告し、また「アメリカ本土におけるアメリカ市民に対する直接攻撃が今後四半世紀にわたって発生しそうである」と指摘していた。(4) ビル・クリントン大統領によって一九九七年に設置され元上院議員であるゲリー・ハートとウォーレン・ラドマンが議長を務めたこの委員会は、危機到来の予測についてきわめて正確であった。唯一間違っていたのは予測した危機が数年ではなく数ヵ月後にやって来たことである。それでもやはり攻撃が行われた時、その驚きは圧倒的なものであった。

不意打ちによって驚かされたことを部分的に説明するのは、攻撃手段が新奇であったことに求めることができよう。飛行機をハイジャックするためにボックス・カッターを用い、それから飛行機をビルに衝突させるというようなことは先例のないものであった。またこうした規模の大量殺戮を目的として、あのような規模の集団自殺という手段を用いることは先例がなかった。さらに平時において戦時における規模の損害を与えることに成功したことも先例のないことであった。予測はしばしば先例に基づく。したがってかつて試みられなかったことを予測することは困難であった。予測されるべきことがいくつかの先例を一度に粉砕する時はさらに難しくなる。

驚愕させられた第二の理由は真珠湾の時にも明らかであったように、警告を発している兆候《シグナル》を雑音《ノイズ》と区別するという古典的な課報の問題である。(5) 九月一一日の後では個々のテロリストが特定され彼らが有罪であることが立証されていたので、彼らの活動を追跡することは難しくなかった。しかし攻撃前に、そのテロリスト達をテロリストの「性格特性図《プロファイル》」に該当する他のすべての個人から何をもって識別できるだろうか。ニューヨークとワシントンが攻撃された後、アル・カイダの以前の活動との関連が明らかになった。しかし関連のない出来事の雑音が溢れている喧噪のなかから事前に彼らを特定することは、さらに難しいことである。その上、テロリストは常に主導権を握っているという事実がある。攻撃の時間、場所、手段を決めるのは彼らである。防御する側は、世界貿易センタービルが再び標的になり得るということを一九九三年の爆破事件から分かっている者でさえも、あらゆる不測の事態を予測しなければならないのである。テロリストはそのうちのただ一つを実行するだけでよいのである。

ハート＝ラドマン報告は国の脆弱性を明らかにしたが、その報告書でさえ、その脆弱性がいつ、いかにして、どこから試されるかを明らかにすることはできなかった。したがってその報告書の結論はいかに人目を引くものであっても仮説の域を出ないのである。報道もごく控えめにしかなされず、新たに就任したブッシュ政権の委員会の調査結果への対応は――退任するクリントン政権の対応と同じで――儀礼的な感謝にとどまったのである。国家安全保障の基盤が地震のような大衝撃をまさに受けようとしていることは依然としてまったく明らかになっていなかった。

さらに驚愕させられたことには第三の理由がある。それはハート＝ラドマン委員会の関心を超えたものである。それは、国際システムは大いに優しいものになったので合衆国はもはやいかなる種類の深刻な安全保障上の脅威に直面することはないという一九九〇年代に学界や政策関係者の間で広まっていた認識と関係がある。冷戦期アメリカの大戦略の成功が逆説的にこの見方を助長したのである。

冷戦期大戦略の成功の記録は実に見事なものである。合衆国はドイツと日本を繁栄する資本主義の民主主義国に変えるために軍事占領を利用し、またマーシャル・プランはヨーロッパ一帯が同じような結果になることを確実にした。次の四〇年間にわたって民主主義と資本主義はさらに広範囲に拡大し、ソ連にさえ部分的に広まった。その間に世界のもう一方の共産主義大国である中国は、マルクスも毛沢東も想像だにしなかった弁証法的な転換を見事にやってのけ、いまだ民主的ではないものの資本主義の温床となった。冷戦が終結する頃までには人間社会を組織するための実行可能な他のモデルはないように思われた。そこではアメリカ人が世界を自分達に似るように作り直している、あるいは作り直しているように見えたのであった。そしてまた世界はそれに抵抗していないように思われたのであった。

このことから一部の理論家達は民主主義と資本主義への動きは不可逆で、したがって「歴史」は終焉しつつあると結論付けた。近年、社会科学者達がその理論は現実との関係に耐えられないことを確かめたが、議論するだけなら無害なものであったかもしれない。(6) しかしまさにこの理論が、政治学者のフランシス・フクヤマと共に、その後の出来事の道筋をつける結果となったのである。クリントン政権はここから、もし政治的な自決と経済の統合への進展が保証されれば、国家安全保障問題担当補佐官のアンソニー・レイクが述べたように、合衆国はただそうしたプロセスを「拡大する」ために外部世界に「関与する」だけで足りるとする見解を引き出したのである。冷戦期に合衆国が勝ち取った同意による覇権が、単純に冷戦後の国際システムになるというのであった。クリントン大統領自身はこうした環境の下では大戦略は必要がないと考えていた。ローズヴェルトもトルーマンも大戦略を有していなかったとクリントンは一九九四年はじめに政権の高官の一人に語っていた。「彼らは単に彼らが進んでいくにしたがってそれをまとめ上げただけだ」と。(7)

第二次世界大戦と冷戦初期の戦略についての大統領のあやふやな知識はともかくとして、この見解についてはいくつかの問題がある。この見方は歴史を直線的なものと見る傾向を助長し、ちょうど失敗が自己満足を挫くことで後の成功を生み出すことができるのと同じように、自己満足を誘発することが失敗を引き起こし、それがまた成功を生み出す原因になるという、フィードバック効果を無視している。それは明確な目的の設定によってではなく、むしろ曖昧な様々なプロセスを束ねることを通して一貫性を追求しているのである。これからすればクリントン政権はローズヴェルトやトルーマンよりもハーディングやクーリッジの例に近いと言えるだろう。なぜなら一九二〇年代のハーディング大統領やクーリッジ大統領もまた自由放任の外交・国家安全保障政策が作り出す安全の幻想のようなものを抱いていたからである。最後に、クリントンと補佐官達は国際システムのなかで国家が優位であり続けるということを当然のことと考えていた。もしほとんどの国家を民主化することができ、また人々や思想の移動と同じく貿易や投資への規制を除去することによって諸国家を結び合わせることができたら、暴力の原因や暴力がもたらす不安定というものは少しずつ減るであろうと言うのである。その議論は善意のものであるが浅薄である。(8)

国家の力が縮小するのならばそれはなぜだろうか。クリントンのモデルが処方するまさにその治療――政治的自決と経済的統合――が、治療しようとする国家の権威をゆっくりと傷つけるならばそれはどうしてであろうか。冷戦の隠された歴史が、アメリカの庇護の下にあった諸大国が、それぞれの相違の大部分をついに解決した結果が、それらの大国の力がもはや昔ほど大きなものではなくなったということは、いったい何を意味するのだろうか。頭の切れる人間でなくともこれがどのように起るかを考えることができよう。(9)

政治的自決は確かに正統性を高めるものである。これが冷戦期に民主主義が独裁制よりも耐久性のあるものであることが判明した理由である。しかし政治的自決は正統性の不在を暴くこともまた可能であり、それが冷戦後にソ連、ユーゴスラヴィア、チェコスロヴァキアを解体させたのである。今や以前よりもより多くの独立国が存在しており、第二次世界大戦終結時におよそ五〇であったのと比べるとそれはざっと二〇〇を数えるものとなっている。しかしそれは国際的な国家システムがより強力になったことを意味するものではない。それが意味するのはまさにその逆である。今日、以前よりもさらに多くの「破綻国家」、「遺棄された国家」が存在するのである。

経済的統合はたしかに繁栄を増大させるものである。これが冷戦期また冷戦後に起った貿易と投資の自由化によってきわめて多くの人々が利益を得た理由である。しかし結果として生まれたグローバルな市場はまた、国家がその国の市民が生活する状態を決定する能力を束縛するものでもある。資本主義は大きな富を生み出すが、それはその富を不公平に分配すると指摘した点ではマルクスは正しかった。国家はそのプロセスを緩和する能力を持っており、それによって資本主義が引き起した憤りを緩和したものだった。アメリカ合衆国における革新主義やニューディール、ヨーロッパの社会民主主義、あるいは世界の至るところに出てきた同様の考え方は、マルクスが予想した資本主義の自滅からそれを救った最低限の生活を保障する各種の社会保障制度《ソシアル・セーフティ・ネット》を提供した。しかし今や規制のないグローバル経済の下でそうした社会保障制度は弛みそして壊れてしまったのである。(10)

それは諸国家が——たとえ民主主義国であっても——人々の移動や思想の交換をいくらかコントロールする力を持っていたことについても然りである。安価な飛行機旅行やリベラルな移民政策、ファックス、衛星テレビ、携帯電話、そしてインターネットが存在する世界では、そうした制約を課すことがより困難であるということを歓迎する傾向がある。しかしそれにもまた代償がある。それは国家が、国家の敵である個人、悪党の集団、敵対者のネットワークを監視することを以前にも増して困難にしてしまったことである。

ここでの結論は、近年、国家はより柔和なものになったということであり、それは冷戦の主要な業績である。しかしまた国家は以前よりも弱いものとなった。こうした状況もまた九月一一日の出来事の一因となり、間違いなくそれに続く時代を形成しているのである。したがって戦略的展望におけるアメリカの最も重大な失敗は、アメリカの指導者が冷戦の勝利を超えてその利益を傷つける環境を見通すことができなかった点にある。第一次世界大戦後のように、彼らは目に見える危険が存在しないということで、目に見えないものが脅威をもたらすことはないと自ら納得してしまったのである。彼らは単にゲームに勝つことだけで十分であると考えた。彼らはゲームが戦われた舞台が、アメリカ合衆国とその同盟国、そしてアメリカが打倒した敵国によって戦われたゲームのルールとともに、今や危険に晒されているということを思いもしなかったのである(11)。

二〇〇一年九月一一日の朝に崩壊したのはツイン・タワーだけではない。国際および国家安全保障そして個人の安全に関する我々の最も根本的な前提のいくつかもまた崩壊してしまったのである。

◇九・一一以後のアメリカの再登場◇

ブッシュ大統領が九・一一の朝が終る前に直面したのはこうした状況であった。こうした危機に直面したあらゆる政権は安全保障、したがって戦略について知っていると考えていたことを再考しなければならない。しかしこの政権はそれをとりわけ驚くべき方法で行い、顕著な結果を導いたのである。それがいかに特異であったかを理解するためにタイム・トラベル実習を試してみよう。あの恐ろしい日に立ち返ってみて仮に誰かが次のようなことを予言したらあなたはどのように反応するだろうか。

アメリカ合衆国は、歴史家の誰もが侵略や征服に対し最も激しく抵抗する国であると指摘するアフガニスタンに直ちに侵攻することで対応し、そこを容易に攻略するであろう。しかもそれはアフガニスタンの人々や世界中が支持するなかで行われる。引き続く二、三ヵ月の間にブッシュ政権はこの半世紀のなかで最も抜本的なアメリカの大戦略の再評価を行い、その結果をすべての人が読み、議論し、反論するために公表するだろう。その後、その戦略に完全に一致した方法で、ブッシュ政権が次の論理的段階と考えるもの、すなわちイラクからサダム・フセインを追放することに関して同盟国や国連安全保障理事会の合意を模索するであろうが、惨めにもその合意を得ることには失敗するであろう。

それにもかかわらずアメリカはイギリスの助力を得て、軍事的抵抗や大量破壊兵器の使用、アラブ世界における激怒の噴出、新たなテロの勃発、石油価格の暴騰、軍事作戦における人的・物的損害の天文学的見積といった様々な危険に関する不吉きわまりない警告に直面しつつも、何としてもイラク攻撃に突き進むであろう。しかしそれら警告のうち実際に起ったことはなかった。実際に起ったことは次のような事態である。アメリカそして世界経済状況の一定の改善、政治改革についてのアラブ世界内部での対話の活発化、アフガニスタン、イラク、ウズベキスタン、キルギスタン、ルーマニア、そしてブルガリアといった以前はアメリカ軍の駐留など考えられなかった場所への戦力の再展開とそれに伴うサウジアラビアからのアメリカ軍の撤退、アメリカに従属する国家やアメリカの代理国家に包囲される結果を注視しているシリア政府とイラン政府の増大する懸念などである。(12)

最後に、世界中の人々が驚き、そして実のところ警戒心を抱いたのは、国際システムのなかでアメリカ合衆国が二〇〇一年九月一一日よりも、さらに力強く明確な目的を持った主体として現われたことである。人物評価の低さが、ハル王子がヘンリー五世として即位した時以来だといわれた国家の指導者が実に驚くべき変容を遂げたのも、また人々が驚いたことである。(13)もしこれらすべてをあの日に予言した人がいたとすれば、その人は麻薬をやっているのか、マリファナを吸っているのか疑われたであろう。こうした予言が真に受けられることはなかったと思われる。しかしこれが実際に起ったことなのである。

それではこうした事態がどれほど計画を反映し、また幸運や即席の措置、偶然はどのくらい影響を与えたのであろうか。それらの比較検討は常に扱いにくい問題だが、しかしこの例ではブッシュ政権の戦略再評価は、計画が実際の行動を定めたという明らかな証拠を提供している。ブッシュ政権の計画者達は世評では秘密主義であったと言われているけれども、たいていの場合彼らが行っていることについて包み隠すことはなかったという。したがって、彼らが語ったことに注意を払わないのは誤りである。検討にあたってまず参照するのは二〇〇二年九月一七日に公表された大統領の報告書である『アメリカ合衆国の国家安全保障戦略』(*The National Security Strategy of the United States of America*)である。そのステートメントはブッシュが二〇〇二年六月一日にウエスト・ポイントの陸軍士官学校で行った、重要であるがほとんど報道されなかった演説を精巧に仕上げたものである。(14)

◇ブッシュ政権の国家安全保障戦略◇

こうした文書においては序文が多くのことを語るものである。ブッシュの『国家安全保障戦略』は九・一一後のアメリカ大戦略のために三つの任務を設定している。「我々はテロリストや独裁者と戦うことによって平和を守る。我々は大国間の良好な関係を構築することによって平和を保つ。我々はすべての大陸において自由で開かれた社会を促進することによって平和を拡大する」(15)がそれである。これら三つの優先事項を、一九九九年一二月に公表された国家安全保障に関するクリントン政権の最終報告に提示された三つの事項と比較することは意味があると思われる。その三つとは

「アメリカの安全保障を強化すること。アメリカの経済的繁栄を支えること。海外において民主主義と人権を促進する」[16]というものである。

両者の違いは教訓的である。ブッシュの目的は平和を守り、保持し、拡大することを明記している。一方クリントンの文書は単に平和を当然のことと決めてかかっているように見える。ブッシュは大国間の協力を求めているが、クリントンはそうした用語を用いていない。ブッシュはすべての大陸における自由で開かれた社会の促進を明記しているが、クリントンは「海外」における民主主義と人権を「増進する」ことで満足している。これら文書の最初の部分においてさえブッシュの『国家安全保障戦略』は、より力強く、より慎重に作られ、意外なことにクリントン政権よりも、さらに多国間主義的な印象を与えるものである。それは何か興味深いことが始まっていることを暗示している。

独裁者に対する防衛はもちろん何ら新しいものではなく、第二次世界大戦や冷戦における戦略すべてに共通するものである。新しい点はブッシュがテロリストの脅威を独裁者によってもたらされる脅威と同じレベルにまで高めたことである。この危険の再検討は、アメリカ合衆国はもはや何千もの核兵器やそれらをほとんど即座に運搬する手段によって武装した敵と対峙しているのではないという事実を反映している。しかしそれはまたかつては過小評価されていたテロリストからの脅威に対応するものであり、もしもボックス・カッターや民間航空機が大量破壊兵器になるのだとしたら、他のぞっとするような可能性はどのようなものがあるのだろうか。潜在的な損害の程度は冷戦の水準からみるとはるかに縮小した。我々は北半球の至るところにきのこ雲が立ち上がるのを見ることになるとは思われない。しかしながら損害を受ける機会は著しく増大し、それは九月一一日に起ったものに匹敵するか、あるいはそれよりずっと大規模なものとなろう。(17)

この理由としてブッシュの『国家安全保障戦略』が指摘するのは、テロリストは国家のようには行動しない傾向があるということである。敵対する国家は捨てられない国益と守るべき領土を有しており、信憑性のある報復の脅しは通常そうした国家を抑止し封じこめるであろう。冷戦が証明したことがあるとすればそれは間違いなくこのことである。テロリストにとってはテロそのものが目的であり死は抑止にならないので、彼らは国家とはまるで異なる行動をとるし、また彼らを特定するのは容易でない。危険な国家はそれがもたらす危険がいかなるものであっても隠れることはできない。テロリストはそれができるし実際に隠れているのである。(18)

これらの新たな脅威を冷戦から受け継がれた二つの遺産——国際的な国家システムの権威の衰退と大量破壊兵器の拡散——に付け加えたら、歴史が終焉しつつあるという議論がなされていたほんの二、三年前よりも世界はすこぶる不快なものになったように見え始める。「我々はアメリカや我々の友人を、最善を望むことのみでは守ることができない」とブッシュは前任者をほとんど包み隠さずに非難した。「歴史は迫りつつある危険を認識しつつ行動しなかった者に厳しい評価を下すことになる」[19]。

これらすべてが示唆しているのは、奇襲攻撃から国を守るためにどのような手段を講ずるかについての、アメリカの歴史においてはわずかに三回目にあたる再定義である。必要とされるものは今や、ジョン・クインシー・アダムズの北米大陸の覇権という考え方からフランクリン・D・ローズヴェルトの侵略国家を封じこめ、抑止し、可能ならば打倒することを目的とした大国連合の概念を経て、すでにブッシュ・ドクトリンと呼ばれているもの、すなわち合衆国はテロリストがどこにいようとも、彼らを支援する政権とともに彼らを特定し排除するという原則にまで拡大した[20]。主権を尊重するということはもはや十分ではない。なぜならそれはゲームのプレーヤーがルールを理解し尊重することを含意しているからである。この新たなゲームにおいては、ルールはないのである。

ブッシュ・ドクトリンは抑止と封じこめを拒絶してはいない。しかしながらそれらのよく知られた戦略に今では聞き慣れない先制という戦略を補う必要があると主張しているのである。実際、先制とは新しく聞こえるがそれは単に久々に登場したからである。それは拡大する国境に沿った安全保障に関する懸念に根ざした一九世紀の概念である。当時の「テロリスト」はフロンティアにおけるアメリカ人に生命への恐怖をもたらしていた。今日のテロリストも同様の懸念を呼び起こしているが、現在のフロンティアは至るところにあり、それは標的がどこにでもあることを意味している。九・一一は抑止と封じこめだけではそうした敵に効果がないことを示した。それが先制が必要な理由である。ブッシュが『国家安全保障戦略』のなかでアダムズが称賛するような言葉遣いで述べているように、「我々は敵に最初に攻撃させることはできない」のである。[21]『国家安全保障戦略』は先制についての法的根拠を注意深く明記している。国際法は「国家が攻撃を受けなくても、差し迫った攻撃の危険性をもたらす武力に対しては合法的な自衛措置を取ってよい」ということを認めている。また多数国によって先制することを優先する姿勢もあり、「合衆国は常に国際社会の支持を得る努力をする」とされている。しかし「必要であればテロリストが我々の国民と国家に危害を加えるのを阻止するため、テロリストに対して先制して自衛権を行使し、単独で行動することを躊躇しない」とも謳っている。[22]

次に、先制はアダムズが是認したであろうもの、つまり覇権を必要とする。それは対抗する国家から重大な抵抗を受けることなく、国家が必要とするいかなる場所でも行動する能力である。『国家安全保障戦略』の序文でブッシュは、「自国だけの利益」を放棄する一方で「自由に寄与する勢力均衡」を構築すると述べているが、その文書の本文は伝統的に考えられているような均衡をブッシュが考えていないことを明らかにしている。ブッシュは「潜在的な敵が合衆国の力に勝るあるいは匹敵することを望んで軍事的増強を追求することを思い止まらせる」に十分な力を維持することを公約している。[23]ウエスト・ポイントでの演説ではこれをより率直に「アメリカは挑戦を凌駕する力を持っているし、またその力を維持するつもりである」と述べている。[24]

しかし世界はアメリカの覇権にどのように反応するのであろうか。それが我々の目をブッシュの戦略のもう一つの新基軸に向けさせる。それは大国間協調の重視である。ここにロシアの希望に反してNATOを拡大し、コソヴォにおける戦争に参戦したことに反映されたクリントンの小国への公正さの重視との対照性が存在する。一見するとその議論はまた、挑戦を凌駕する軍事力を維持するということと矛盾する。というのは、弱者は常に強者に対抗するために連合するのではないのだろうか。理論的にはその通りである。しかし実践と歴史においては必ずしもそうではない。ここにおいてブッシュ政権の高官達は最新の政治学を吸収したように思われる。その学派が近年取り組んでいる問題の一つは、冷戦終結以来の合衆国の圧倒的な優勢にもかかわらず、なぜいまだに反アメリカ連合が存在しないのかということだからである(25)。

これに対しブッシュは二つの説明を提示しており、その二つとも、すべてではないにせよほとんどの政治学者は妥当であると考えるであろう。第一は単一の覇権国による国際システムの運営が比較的穏健なものである限り、他の諸大国は実際のところそれを好むというものである。超大国がただ一ヵ国しかない時、他の国家が軍事能力でその超大国と競争しようとする意味はない。国際紛争は貿易競争や他の比較的小さな反目に転じ、それらはどれも戦う程のものではない(26)。過去において諸大国が互いに行ってきたことと比較すればこれは悪いことではない。

アメリカの覇権はまたすべての国家や文化が共有している――テロリストや独裁者とまではいか

ないにせよ——一定の価値と結び付いているがゆえに許容されるものである。「無辜の市民を殺人の標的にすることは常にまたどこでも悪いことである」、「女性への蛮行は常にまたどこでも悪いことである」とブッシュはウエスト・ポイントで主張した。また『国家安全保障戦略』が付け加えているように「地球上の誰も抑圧や隷従を切望したり、秘密警察が深夜にドアをノックするのを待ち望んだりはしない」のである。(27) テロリストや独裁者の行動に対して、合衆国が先制を行わねばならないいかなる場合でも、またたとえアメリカが単独で先制を行うとしても、他の諸大国をそれに同調させるのはこの圧倒的な力と普遍的な原則の結びつきであるとブッシュは主張している。このような主張を敢えてしているのは、冷戦期にあっては、アメリカの覇権以上に、あちら側により悪い何かが存在していたからである。

ブッシュの戦略における最後の新機軸はテロと専制政治双方の原因を取り除くという長期的な問題に対処するものである。ここでもまた政権の思考は研究者の間でできあがりつつあるコンセンサスと一致している。それは中産階級に属し、しかるべきよい教育を受けた中東の人々をして三機の飛行機をビルに、またもう一機を地面に向けさせた原因は貧困ではないということである。それはむしろ彼ら自身の社会における代議制の欠如から生じたフラストレーションであり、その結果、異議表明の唯一のはけ口となったのが宗教的熱狂だったのである。(28)

この複雑な問題に対するブッシュの解決策は驚くほど単純なものであり、それは至るところに民主主義を広げるというものである。ブッシュ政権は二つの重要な点で前任者と異なっている。ブッシュ政権はその目的を予見可能な将来に達成可能であると考えているが、その過程は単に座って待っていればよいというような自動的なものではないと考えている。テロの危険はもはやそのような贅沢を許さない。打開策はフクヤマに実力を加えたものとなるであろう。合衆国は今こそウッドロー・ウィルソンが始めた仕事を終らせなければならないのである。世界はまったく文字通りに民主主義にとって安全なものとされなければならず、それはイスラム教の中東のように今のところその傾向に抵抗している地域についても同じである。テロリズム——暗にそれを育む権威主義もテロリズムの語に含意させている——は、奴隷制や海賊、ジェノサイドと同様に時代遅れのものとならねばならず、それは「普通の政府であれば黙認も支持もせず、誰もが反対すべき行為」なのである。[29]さもなければこの新しい脆弱性の時代のなかで民主主義は世界において決して安全ではいられないのである。

したがってこれは近年我々が目にしてきたものとは劇的に異なった大戦略である。それは、民主主義と資本主義への動きは不可逆的なものとなったので唯一アメリカ合衆国が行う必要があるのはそのプロセスを「拡大」するために世界に「関与」することであるとしたクリントン政権の前提を拒絶するものである。その戦略のそれぞれの部分は全体と相互に結びついている。ブッシュの戦略には首尾一貫性が存在している。それは、クリントン政権がロシアとの関係を改善するのと同時に屈辱を与えた[30]ことに顕著に表れているように、前政権の国家安全保障チームが決して達成できなかったことである。それは力の行使と原則へのコミットメントの間に何らの矛盾もなく、保守派にはめったにないことではあるが、しかしロナルド・レーガンの伝統として人間の本質について楽観的で、したがってその世界観においてウィルソニアンである。[31]最後に、その策定者は婉曲語法や「ニュアンス」にほとんど関心を払わず、分かりやすく、時には無遠慮に語る傾向がある。ジョン・クインシー・アダムズのように彼らは野心を偽善で覆い隠すことなどは意味がないと考えている。

◇ アフガニスタンとイラクを結ぶもの ◇

しかしながらブッシュの戦略のある側面について政権が表立って語らない部分がある。それは九・一一後の世界で独裁者とその日の出来事とを結びつけることができなかったという事実にもかかわらず、なぜブッシュ政権が独裁者を少なくともテロリストと同じくらい危険であるとみなしているかということに関係がある。

ブッシュはこの疑問について、イラク、イラン、北朝鮮からなる「悪の枢軸」がテロに使用される可能性のある大量破壊兵器を蓄積していると警告した二〇〇二年一月の一般教書演説において最初に答えようとした。[32]その警句は派手ではあったが明瞭なものではなかった。サダム・フセインやイランの宗教指導者達、金正日らだけが危険な兵器に手を出す独裁者ではないし、彼ら相互のつながりや彼らとアル・カイダとのつながりも明白ではなかったからである。また、彼らは皆自滅よりも生き残りにより関心を抱いているのに、なぜそうした独裁者に対して封じこめや抑止が効かないのかについてブッシュは説明していない。彼らの生活様式は洞窟よりも宮殿を好む傾向にある。[33]

それらの問題を解決することなくその言葉遣いを数ヵ月繰り返した後、ブッシュ政権は「悪の枢軸」について沈黙することになった。ウエスト・ポイントでの演説でも『国家安全保障戦略』でもその警句は繰り返されず、それが注意深い思考からというよりもむしろ力み過ぎたスピーチライティングから出てきたものなのではないかという疑いを残したのだった。あるいはローズヴェルトやレーガンの演説を思い出させ、大統領のリーダーシップを印象づけようとする軽率な努力だったのかもしれない。二〇〇三年の初めまでに政権はイラク、イラン、北朝鮮に対する政策の相互の類似性よりもむしろ相違を強調していた。「悪の枢軸」という言葉遣いを捨て去ったのに、なぜブッシュがサダム・フセインを葬り去ろうとし続けたのかということは謎として残った。

政権のイラク問題への没頭を、親父のためにやっていることだという説明は傲慢というものである。サダムは「私の父を殺そうとした奴だ」というブッシュの発言にもかかわらず、ブッシュは悩める父の幽霊による復讐の要求にいかに応ずるべきかと苦悶するハムレットではなかった。[34] しかしヘンリー五世のアナロジーに目を転ずればシェイクスピアは依然役立つだろう。なぜならその君主は勝利の心理的価値を理解していたからである。敵対者を十分徹底的に打倒すれば他者の自信を挫くことができ、彼らを倒さねばならなくなる前に彼らが自滅するであろう。

ヘンリーに関して言えばその実演は一四一五年のフランス軍に対するアジャンクールでの有名な勝利である。ブッシュ政権は二〇〇一年の終りのタリバンに対する勝利によってアジャンクールの味をしめたのだった。アフガニスタン人は大喜びであごひげを剃り、ブルカを脱ぎ捨て、異教徒を喝采することで応えた。馬上から爆撃の標的をレーザー照射するための馬をアメリカ人に貸すことまでしたのだった。突如としてアメリカの価値が最も遠く、地球上で最も異質な地域にまで移転可能であると思われた。開かれた展望は、冷戦後の世界の形を予想することをめぐるフクヤマの主要なライバルであるサミュエル・P・ハンチントンの書物から想像させられた衝突する文明に類するものではなかった。むしろ『国家安全保障戦略』が述べているように、生じているのは「文明内の」衝突であり「イスラム世界の将来をめぐる闘い」であった。[35]

しかし、タリバンはもはや存在せず、アル・カイダははっきり見える標的としては存在していないように思われることを前提とすると、どのようにこの勢いを維持すればよいのだろうか。サダム・フセインはここで必要になる。イラクは次の一撃を加えるのに最も適した場所なのだ。もし独裁者を倒すことができ、チグリスとユーフラテスの河岸でアフガニスタンのアジャンクールを繰り返すことができたら、非常に大きなことを達成することができるのである。湾岸戦争がやり残した任務を完遂することができる。それ以来サダムが蓄積してきたであろうどんな大量破壊兵器でも破壊することができる。イラクの国境を超えてテロリストに提供していたいかなる支援も、とりわけイスラエルに反抗して活動していたテロリストへの支援を終らせることができる。イラクの人々を解放することができる。廉価な石油の十分な供給を保証することができる。中東の至るところの反動的な政権に打撃を与え、そして究極的にはそれを排除するプロセスを始めることができ、それによってテロの主要な温床を除去することができる。そしてブッシュ大統領が二〇〇二年九月一二日の国連での力強い演説で公に述べたように、国連の決議が侮られ無視され続け、国連の権威が失墜することから国連を救うことができるという。(36) これら問題の一挙解決が、イラク攻撃の魅力であった。

これはどのような意味でも大戦略である。誰が抑止できて誰が抑止できないかということについて当初は明確さを欠くように見えたものは、結局中東のイスラム全体を転換するという計画になった。中東をきっぱりと現代世界へいざなうということである。このようなことはその大胆さ、徹底性、展望においてアメリカ自身が半世紀以上も前にドイツと日本の民主化に携わって以来のことである。かくして、中東のイスラム地域において止まっていた民主化のプロセスが始められたのである。

◇ブッシュ政権の大戦略――構想と実践の間◇

しかしながら戦略の壮大さは決して成功を保証するものではない。我々は過去において野心的に考えられ、注意深く作り上げられた戦略が失敗するのを目にしてきた。その最も顕著な例は一九七〇年代初頭にニクソンとキッシンジャーがソ連を〔現状維持に〕満足している国家からなる国際システムのなかに組み込もうとしたことである。他方で慎重さを欠き即席で行われた戦略が成功したこともある。クリントン政権が一九九九年にコソヴォでそのような妙技を達成したのがそれである。偉大な戦略理論家であるカール・フォン・クラウゼヴィッツは著作のなかで繰り返しチャンスの役割を強調している。それは時に最善の計画を挫折させ、時に最悪の計画に勝利を与えるものであるという。将来への見通しに伴う問題もまた存在する。同時代人には大勝利と思われることでも後世の人の目にはまったく異なって映ることがあるのである(37)。

したがって、この時点でのブッシュの大戦略に対するいかなる評価もまったく仮のものとならざるを得ない。歴史家がアメリカの世界に対するこの新たなアプローチをどのように評価するのかを知るには時期が早すぎるし、より近い将来においてさえ敵対者や同盟国、そしてアメリカ国民がどのように評価するかは分からない。しかし、これまでに約束されたことと、達成されたことを比較することは今できることである。すなわちブッシュの戦略を実行しようとする最初の試みが、どの程度その立案者が期待したものを実現したのだろうか。

彼らの最も明白な失敗は先制、覇権、同意の間の関係に関連するものである。ブッシュの『国家安全保障戦略』は多国間主義の乗数効果を認め[38]、政権はイラク戦争前の数ヵ月にそれを懸命に追求した。しばらくはそれが成功しているように見えた。ブッシュの要求に対応して国連安全保障理事会は二〇〇二年一一月、イラクに対して一九九一年の湾岸戦争後にイラクに課せられた大量破壊兵器を廃棄するという安保理決議を履行し、一九九八年に国外退去させた国際査察団を再び受け入れるよう求めた決議を成立させた。サダム・フセインがそれを拒絶すれば、国連を率いてイラクへ侵攻することをアメリカ合衆国に許可する「決定的証拠」――フランクリン・ローズヴェルトの言葉で言えば「最初の一発」――となるものであった。

しかしながらイラクの独裁者はその筋書きに従わなかった。フセインは査察団の再入国を渋々認め、少なくとも安保理決議に従う素振りを示した。フセインの行動はアメリカとイギリス以外の安保理構成国の間に、アメリカとイギリスが作り上げた一致団結を崩すことになる――当初イラクの協力を引き出したのが、クウェートの砂漠におけるアメリカとイギリスの軍事的増強であったという事実にもかかわらず――平和的解決への十分な期待を抱かせたのである。

その間に軍事力増強はそれ自身問題を引き起していた。なぜなら軍隊を展開させたもののアメリカとイギリスはそれを無期限に展開しておくことはできなかったからである。軍事作戦は暑い季節が始まる前に開始される必要があった。この兵站上の、また気象上の時間表における要請は多国間の支持を維持しようとするブッシュ政権の努力を損ないつつ他のことを締めつけた。その一つは任務を完遂するためにさらなる時間を要求した国連査察団の予定であった。査察のためにさらに時間を与えることへのワシントンのためらいは、すでに脆くなっていた安保理内のコンセンサスを揺さぶり、そしてブッシュやトニー・ブレア英首相と彼らの補佐官達にイラクの大量破壊兵器に関わる自らの情報評価の作成を含む一連の作業手順を切り詰めさせた。彼らが公に引用した警告を呼びかける情報評価はその時にはこじつけのように見え、その後間違っていたことが判明した。使える状態にある大量破壊兵器などなかったのである。[39] 結果として、そうした主張は安保理内で支持を再び得ることに失敗した。それらはブッシュとブレアの情報活動をめぐるその後のいかなる主張に対しても、その信頼性を傷つけることになった。

そして結局のところコンセンサスは崩壊した。一二年前にブッシュ父政権が軍事作戦によってサダムの軍隊をクウェートから放逐した時とは著しく対照的に、二〇〇三年三月二〇日にアメリカとイギリスがイラクに侵攻した時、アメリカとイギリスの作戦に参加した大国は一つもなかった。フランスとロシアによる拒否権行使の脅しによって、一九九一年にあった軍事作戦を認可するような安保理決議もなかった。サウジアラビアやエジプト、パキスタンといった地域の同盟国も公然とした軍事的協力からは距離をおき、今まで頼りになっていたNATOの加盟国であるトルコでさえ最終的に攻撃の実施にあたっての領土の使用を拒否したのだった。イラク侵攻はアメリカ軍とイギリス軍がオーストラリア、ポーランド、韓国からのずっと小規模な部隊と共にクウェートから作戦することによって実行された。ブッシュとブレアはミクロネシアのような国々からの言葉の上だけの支持を得るにとどまることを余儀なくされ、それによって彼らのいう「有志連合」を現実というよりは冗談に近いものとしてしまったのだった。(40)

けれども軍事的観点からはイラクにおける戦争は少なくともアフガニスタンでの戦争と同様に進行した。この戦争もアジャンクールの瞬間を作り出し、その最も顕著であったのは四月九日にバグダッドの中心にあるサダム・フセインの巨大な像を熱狂するイラク人が倒すのをアメリカ海兵隊員が助けた時であった。しかしながらこの軍事的成功の幸福感は大きな外交的失敗が生じたという事実を隠すことはできなかった。それはブッシュの大戦略の根本的な前提が疑問視されるような失敗であった。海外における圧倒的な反対――世論調査が信じられるものであるならば国内ではそうではなかったが――に直面するなかで戦争開始の決断を行ったことは、先制が行われた時に、世界の人々にアメリカの覇権を進んで受け入れることへの疑問を生じさせることは避けられなかった。その戦略はそうした同意を要求するものであった。確かに同意なしの先制も排除されるものではないが、それは唯一最後の手段としてである。(41)

それではブッシュ政権が二〇〇三年の春、サダム・フセインの体制がもたらす危険が明らかでもなければ現在そこにあるものでもない時に、また拙速の危険がきわめて大きい時にイラク侵攻を強硬に推し進めたのはなぜだろうか。これを理解するためにはブッシュの大戦略のもう一つの側面を考える必要があると思われる。それは勢いへの信頼、あるいは衝撃と畏怖である。

この言葉は戦争に先立つ軍の記者会見で有名になったものであるが[42]、ここでは合衆国の安全保障にとって危険となった中東における現状を再編するというブッシュ政権の戦略家の決定を特徴づけるのにこの言葉を使いたいと思う。アフガニスタンとイラクへの侵攻は他を不安定化させようとして、選択したドミノを倒すことを意図したものである。その目的は軍事的であるのと同じくらい心理的なものでもある。すなわちテロを行ったり支援したりする個人や悪党、国家を排除するためだけでなく、そうしたことをしようと思っているものを威嚇するためのものである。もし将来のテロリストの行為が確実に破滅的な報復を伴うものならばテロリストを生み出す社会のなかで彼らの行為に対する抵抗を生み出すであろうし、おそらくそれはテロが行われる以前にあっても生じるであろう[43]。この論理からすると先制は封じこめへの回帰を可能にする抑止効果を生み出すことができるであろう。しかしながらこの新たなドミノ理論が作用するためにはその速さが維持される必要がある。転覆と転覆の間に時間を長くとれないのである。

この戦略における問題点は意図された以外のドミノを動揺させてしまうことである。『国家安全保障戦略』やその他すべての場所における先制についての公開された議論はイラク戦争勃発前から海外では同盟国を動揺させ国内では批判を招いた。というのもアメリカは危険に直面した時の先制の権利を決して放棄していないが、合衆国はその権利をほぼ一世紀以上にわたって公には主張してこなかったからである。ジョン・クインシー・アダムズやセオドア・ローズヴェルト、ウッドロー・ウィルソンが皆やってきたようなアメリカ自身の周辺地域で先制の脅しをかける北米大陸の覇権と、(44)ジョージ・W・ブッシュがやっているように見える、必要ないかなる場所においても先制の脅しをかける世界的覇権はまったくの別物である。したがって結果として生ずる衝撃と畏怖が中東の標的を超えて拡大することはまったく驚くべきことではない。

第二次世界大戦と冷戦期にアメリカが力を行使することについての普遍的ではないにしろ広範な同意を維持してきたものは、より悪い何かがあるという見通しであり、つまりそれは権威主義という選択肢が勝利する可能性であった。一九九〇年にその危険が過去のものとなった後で同意を維持したものはクリントン政権の「関与」と「拡大」という脅かすことのない、戦略ではないもの、であったのかもしれない。九月一一日の直後に同意を支えたものは、アル・カイダとタリバンに対する報復は相応であり比例的であり、したがって正しいものであるという広範なコンセンサスとともに、世界にあまねく広がった恐怖と同情であった。

「最初の一発」あるいは「決定的証拠」なしでのイラク戦争への猛進はまるで異なった印象を残

した。それはつまり覇権がこうした方法で使われるのであればアメリカの覇権以外により悪いものはないという世界の至るところで増大しつつある認識である。というのはもしアメリカがイラク侵攻の際に国連やほとんどのアメリカの同盟国の意向に反して行動を起すことができたなら、アメリカがしないということはいったい何を意味するのか。今後その力を抑制するものとなるのは何なのだろうか。イラク戦争に反対したフランスや他の国々の意向を、彼らの感情や自己中心的な利害、偏見によるものだという理由で無視することはよろしくない。そうした態度の背後にはアメリカの将来の行動に対する本物の懸念があり、アメリカの行動が与えた衝撃の深刻さは事実であって変えようがない。こうしたなかで出現した事態は、一年半をわずかに超える間に合衆国は国際システムにおける主要な安定装置としての長い間築き上げてきた信望を、主要な不安定化装置に替えてしまった。これはいかに大きな必要性があるかもしれないとはいえ、勢いを維持するために支払うには大きな代償であった。

衝撃と畏怖は必然的に平常からの離脱である。成功すればそれらは何が「平常」であるかを置き換えることさえできる。しかしそれは作り出した利益を維持できない。その効果が徐々になくなるからである。それらは予期されるものになり、最初には何かを実行させた驚きの要素をむしばむのである。

これが良き戦略家が衝撃と畏怖をもたらすことをやめるべき時、つまりそうした戦略がもたらした利益を固めて強化することを始める時をわきまえている理由である。その古典的な例がオットー・フォン・ビスマルクであり、彼はドイツ統一への道を開くために一八六四年のデンマーク、一八六六年のオーストリア、一八七〇年のフランスとの戦争を勃発させることによって衝撃と畏怖についての新しい基準を設定した。一八七一年にこれを達成するとビスマルクは不安定化戦略を、新しく出現させた現状の強化と周囲を安心させる再保証を目的とした新たな戦略に置き換えた。つまり不安を持つ同盟諸国、打倒した敵、傍観していた国々を説得して、戦争を続けたりあるいは新しい状況に恐怖を抱き続けたりするよりも、ビスマルクがそうした国々に押しつけた新しいシステムのなかで生存する方が一層幸せであると警告したのである。革命家は保守主義者になったのである。[45]

無能な戦略家はこの転換をいつ行うべきかをわきまえていない。彼らは衝撃と畏怖に魅了されるあまりそれだけで終ってしまうのである。彼らは再保証を提供することができないために、最後にはシステムの構築者よりもシステムの破壊者になって終るのである。ナポレオンやヒトラーはこの罠にはまってしまったし、最終的にビスマルクを罷免した皇帝ヴィルヘルム二世も同じである。再保証は決定的に重要である。なぜならそれなしには遅かれ早かれ恐怖が摩擦となり、それは抵抗にとって代わられるからである。これがクラウゼヴィッツが『戦争論』のなかで行動する力と妨げる能力に同等の注意を促した理由である。またこれが現代の卓越した戦略家であるウィンストン・チャーチル卿が彼の偉大な第二次世界大戦史の各巻を「勝利にあっては寛大さを」という警句をもって書き始めた理由でもある。

イラクにおけるアメリカ合衆国の勝利がこのカテゴリーのどちらに入るかを述べるには時期尚早であるが、初期の指標は有望なものではない。軍による当初の占領の不完全さはイラクに侵攻した時の効率と著しい対照をなしている。利益を固めて強化することは明らかに計画の優先事項となっていない。説得力もまた貧弱である。敵と味方、あるいは傍観者のいずれに対してであれ、政権内には軍事力を展開する際に払われた配慮ほどには言葉には配慮がなく、明らかな再保証はなされていない[46]。言葉と戦略の間の関係の大家であるチャーチルはこれを是認しないと思われる。戦略における威嚇は重要な位置を占めているが危険でもある。それはエンジンの回転速度計の針がレッドゾーンを指した状態で車を走らせるようなものである。時にはそうした状態で走る必要があるかもしれないが、それが習慣になってしまうと行きたい所へ車が連れていってくれることを期待すべきではなくなる。

約束したことと達成したこととの間のさらに深刻なギャップはブッシュの大戦略のなかのまだ試されていない前提から現われてくると思われる。中東を作り直すことを請け負うとしているが、その青写真は正しいものなのだろうか。世界のその部分で民主主義は本当に安全保障へとつながるのだろうか[47]。政権はこの疑問に対し私がその誠意を疑わないほど十分に頻繁にそして力強く肯定的に答えている。しかしそれが間違っていたらどうなるのだろう。もしもテロリズムそしてその地域のより一般的な反アメリカ主義が民主主義の欠如から生ずるのではなく、より複雑でしたがってより定義不能な原因から生じているのだとしたらどうなるのだろうか。

これはもちろん一〇年以上にわたるハンチントンの以下のような議論である。すなわち民主化とグローバリゼーションは「文明の」相違をなくすことは決してなく、中東ほどその相違が大きな場所はない。合衆国や他の民主的社会の安全保障は、自らの価値をそれらがおそらく定着不能な場所の諸文化に押しつけようとすることにかかっているのではなく、むしろ「グローバルな政治の多文明的特徴」を維持することにかかっている[48]。ブッシュの『国家安全保障戦略』はハンチントンに対し二つの解答を提示しており、どちらも説得力のあるものである。一つは九・一一後の世界においては敵対者と共存するという古い冷戦モデルは機能しないという議論であり、それら新たな敵対者は我々と共存する意志がないということをうんざりするほど明確に表明してきているという。もう一つの解答はイスラム世界のなかでの衝突を指摘するものである。イスラム教徒のなかに近代化を望む人々とそれに反対する勢力が存在し、そのことはイスラム社会が他の文明と根本的に異なるものではなく、将来において民主主義が根付くことも可能であることを示している[49]。

しかしながら『国家安全保障戦略』は、ファリード・ザカリアが提起している、ブッシュ政権が考える秩序と繁栄および公正——彼が「リベラリズム」と呼ぶもの——と民主主義との間の結びつきに対して明確に回答していない。彼が指摘するように多数者による専制政治には非常に長い歴史がある。[50] 多数者が破滅的な経済政策を採用したり、少数者の権利を傷つけたり、あるいは中東をはじめ至るところでの問題の救済策として、民主主義のためだけには暴力やテロリズムを是認している例はきわめて多く存在するのである。他に採りうる道はザカリアが「リベラルな専制政治」と呼ぶものである。それは中国や台湾、シンガポール、インドネシア、タイ、チリ、そして興味深いことにヨーロッパ連合で見られるようなシステムで、民主的政治の混乱や不安定を避ける一方で、政治的安定や経済の近代化に必要な長期的な計画が可能であることを証明している。アメリカやイギリスの民主主義も一夜のうちに出現したものではなく、数十年、あるいはイギリスの場合は数世紀の非民主的な準備期間を必要としたのである。[51]

こうしたザカリアの論議をめぐっては、とりわけリベラルな専制政治の方が経済的見地からして民主主義よりも優れているという主張をめぐって論争がある。[52] しかしそれはブッシュ政権の民主主義への移行可能性についての大雑把な仮説に対する矯正策として有用である。その仮説は疑わざるを得ないもので、アフガニスタンと同じくイラクにおいても直面した占領と統治の問題について、政権がより深く考えなかったことを少なくとも部分的に説明するものである。それはまた政権がいまだ答えていない厳しい問いを提示するものである。それはアメリカ合衆国が果たしてそれら二つの国、あるいはイスラエルは別として中東の至るところで今日自由選挙の危険を冒す覚悟があるかということである。アメリカの期待は、その自由選挙によって成立した政権がテロを抑制し、それを生み出す状況を除去することについてアメリカに協力するということである。答えが「ノー」、あるいは「まだ答えるには早すぎる」ということであってもザカリアの議論は今までよりも大きな注目をワシントンにおいて受けてもよいと思われる。

もちろんザカリアが明らかにした問題についての時の試練を経た一つの解決策がある。それは帝国である。この場合の帝国とは、一つの国家が直接的であれ間接的であれ、あるいは部分的であれ全体的であれ、明白な武力の行使から、威嚇、依存、誘導そして暗示に至る手段で、他国の行動を規定する状況を意味するものである。(53) 諸大国は過去において混沌や抵抗、民族対立、文化的相違、経済的発展における不均衡に直面した時にいかにその権威を押しつけてきたのだろうか。帝国はそれが加えた抑圧ゆえにこの植民地独立後《ポストコロニアル》の時代にあっては評判がよくない。しかし帝国が時には、自由と、したがって民主主義にとってのザカリアの前提条件である秩序、繁栄、公正をもたらすものであることは想起する価値がある。(54) 現代の中東がこうした帝国的枠組みを適用できる場所かどうかは議論の分かれるところである。しかし今にして帝国の長所についての論議が起っているという事実は、帝国的な解決策（もちろんもう少し政治的に正しい《ポリティカリー・コレクト》言い方が望ましいが）はブッシュ政権が追求していると言っている民主的な解決策と少なくとも同じようなものかもしれないということを示唆している。(55) もしそれが本当なら、つまり我々が世界のその地域に新たなアメリカ帝国を建設しているというのならば、それは一見したところでは、なされた約束と達成されたことすべての間の最も大きな間隙のように見えるだろう。

◇二一世紀の大戦略と連邦主義◇

ブッシュの大戦略をアメリカ史の広範な文脈のなかに位置付けてみると、そこに「自由の帝国」という観念が深く根付いていることがわかる。その語はジェファーソンによるものであるが、その背景にある帝国と自由は実のところ両立できるという信念は、アメリカ建国期に幅広く抱かれていたものである。[56] まずその起源はアメリカの統治システムが当時の世界の他のものとは違って人権の普遍性を想定しており、その結果アメリカの外に住んでいる人々はアメリカのシステムのなかに入りたいと望み、入ることができない場合にはそれに倣うことを望んでいるという信念にあった。したがってそれ自身の魅力ゆえに拡大した帝国は自由を保護したのである。またアメリカ人が得意とする貿易は、重商主義の貿易障壁を克服すると期待され、その結果経済の相互利益を基礎にした帝国が発展することができた。貿易もまた自由と両立するものであった。最後にこのつながりには防衛的な動機が存在しており、それはアメリカの制度の安全保障はアメリカの拡大を必要とするという確信から生じていた。アメリカ共和政体の実験が生み出した自由は、安全を提供するある種の帝国のなかでのみ繁栄することができたのである。

アメリカ史における最初の大きな奇襲であった一八一四年のイギリスによるワシントンの焼き討ちは上述した後者の考え方を強力に補強した。その結果、必要な場所では先制行動を通じて、可能な場所では単独で措置される手段によって北アメリカ大陸にわたる支配を追求するというジョン・クインシー・アダムズの戦略が出現したのであった。この大陸帝国の設計者は彼らが新たに獲得した土地に州としての地位を与えることによって自由の道具とし、すべてのアメリカ人がその下で暮らしていた憲法と法的枠組みのなかにそれらを組み込んだのだった。カナダや一八四八年以後にメキシコに残された領土のように、アメリカへの併呑が実現不可能なところでは、彼らは拡大を停止した。奴隷制度の存続と先住民の迫害という二つの紛れもない例外は別として、帝国内に内包された人々の望みに反して公式帝国のようなものを建設するという、止むに止まれぬ欲求は存在しなかった。なるほど、半世紀後のフィリピンの獲得はこの原則を破るものであった。しかしその出来事は例外であり将来に繰り返される形態ではないことが示された。二〇世紀初頭のメキシコ、中央アメリカ、カリブ海方面への軍事介入は植民地を作ることはなく、常に尊重していたわけではないが、現地の主権が生き残っているところに勢力圏を作り出すものであった。一九三〇年代末に至るまでアメリカ合衆国が望んだ帝国の形態は、大陸の覇権、イデオロギーの模範、そして商業的機会にとどまったのであった。その帝国は他の大部分の帝国が行った水準に達するような、自由の縮小を伴う絶え間ない強制に依存しなかった。

二回目の大きな奇襲である一九四一年の真珠湾はアメリカの大戦略の再考を余儀なくさせたが、帝国と自由が共存できるという確信は変わらなかった。アメリカ合衆国の軍事的、経済的力が、今や単に北アメリカあるいは西半球の支配にとどまらず、民主主義諸国の安全を確保するために、国際的な勢力均衡の回復に用いられた。第二次世界大戦におけるナチス・ドイツと日本帝国の打倒はこの目的を部分的に達成し、ソ連とそのマルクス・レーニン主義の同盟諸国を成功裏に封じこめたことが、そのプロセスを完成させた。結果として合衆国は世界大の非公式帝国に達する拡大された勢力圏を獲得したのであった。しかしながらその目的は権威主義に抵抗することであったので、アメリカ人は自らの支配の側面を自由と矛盾するとは見なかった。冷戦期にその帝国に住んでいた非アメリカ人の大部分も物事を同じように見ていた。なぜなら恐れるべきずっと悪いものが常にあったからである(57)。

三回目のそして最も近年の奇襲、すなわち二〇〇一年九月一一日の奇襲は、生き残っている権威主義体制はたとえ弱々しく破綻しかけていてもアメリカ本土を破滅的な力で攻撃することのできるテロリストを生み出すことができることを明らかにした。したがってブッシュ政権は自由の帝国のさらなる拡大を要求した。テロリストをかくまうようないかなる国家の主権も尊重することができず、彼らがどこに現われようともそうした脅威に先制しなければならず、また至るところに民主主義を拡大するとした。ジョン・クインシー・アダムズの一組の前例〔先制・単独行動主義・覇権〕は遂に彼が警告したものを作り出してしまった。アメリカ政府は倒すべき怪物を探して、意図して海外に出かけていったのである。その怪物がアメリカを破壊しないようにするためである。ここにおいてアダムズの遺産とブッシュの戦略は袂を分かつことになった。というのはそうした敵の追求は合衆国を「世界の独裁者」にしてしまうとアダムズは恐れたからであった。対照的にブッシュは合衆国を世界中の自由を安全にするものと見ているのである。

そうした議論をどのように考えようとも、奇襲攻撃に反応してアメリカの力を拡大することは歴史に先例がないことである。海賊や襲撃者、略奪を行う帝国の手先が国境に沿って活動している限りは安全ではないという信念を抱いて船出した国家が、今やテロリストや独裁者が世界のどこかで活動している限りは安全ではないという立場を取るに至った。その結論は確かに慎重な検討を反映している。国家の安全保障が危ういところでは注意しすぎるということない。それはまた能力をも反映している。今日他のどのような国家がそのような役割を熱望することが考えられようか。しかしそれはまた傲慢さを反映したものでもある。一国家の安全保障が他のすべての国家のそれと完全に重なり合うという主張については仰々しさ以上のものがある。次に奇襲があったらアメリカ帝国が拡大する空間はどこに残されているのだろうか。これらの考察に示されている独善性はアメリカ人自身が彼らの自由の帝国が向かう方向について、アダムズが望んだように、未来を見通しつつ、懸命に熟考する必要があることを示唆している。

将来を熟考するには、まずアダム・スミスから始めるのがよいだろう。彼はすでに早く一七七六年にアメリカ人は「広大な帝国を目指して新しい形の政府を考案することに従事した。そして、彼ら自身が世界史上最も偉大で強大になるだろうと自負し、また実際にまさしくそうなるように思われる(58)」とみていた。『諸国民の富』の一節は集合的な善──繁栄──には開かれた市場における個人の利益の追求が必要とされると主張しているように思われる。国家あるいは他の誰にとっても、利益が何かを決めようと試みること、あるいはそれらを追求する際に許される選択を限定すること、もしくはそれらをある中央の計画に組み込むこと、これらのいずれかを試みることはすべての人が等しく有する一個人の利益である自由を制限するに等しいとスミスは論じた。ますます複雑になる世界ではいかなる権威も個人の利益を決定し、それを満たす力量を持っていないと彼は主張した。しかしながら、人々は個人の利益を決定しそれを満たすことについて信用されている。人々の選択の権利と公正を保護するように作られた一連のルールの範囲内で人々の行動は信用されている。

我々はこれについて、以下のように考えることはあまりないが、アメリカ合衆国憲法はスミスの思考を経済の領域から政治の領域に移し換えて規定したのである。というのもそれはまた一定のルールのなかでの個人の利益の追求は集合的な善を生み出すと考えられているからであり、それが連邦主義の真髄である。しかしながら同時にそれは停滞への処方箋ではない。アレクサンダー・ハミルトンは『ザ・フェデラリスト』第二三篇で以下のように述べている。「最も重要な国益を政府に託しながら、それを有効適切に運営するのに欠くことのできない権限は、あえて政府にこれを与えない」ということは道理に合わない。「……［これが］強力な政府の必要を説くきわめて有力な論拠となっている。というのは強力な政府でなくては、かくも広大な帝国的版図を有する連邦を確実に維持することはできないからである」(59)。

一世紀半後アメリカ合衆国は国際的な責任を引き受けるにつれてその連邦のモデルを海外へ輸出し、最初はウィルソンの国際連盟の形で成功しなかったが、その後、反枢軸連合での一定の成功を経て、冷戦期を通じてアメリカの指導者達が国際共産主義を封じこめるために作りそして維持した、同意によって成立した連合において、最も大きな成功を収めた。そこではすべての意思決定を単一の場所に集権化し、あるいは単一の個人に委任するような努力はなされなかった。またそこでは力だけが正統性を与えることもなかった。合衆国憲法がアメリカ上院においてデラウェア州にペンシルヴェニア州と同等の発言権を与えているように、NATOにおいてルクセンブルクはフランスや西ドイツ、イギリスと同じ地位を付与されたのだった。しかし同様に停滞も許されなかった。連邦主義の精神と完全に一貫するような方法において、アメリカの冷戦同盟のシステムは共通善を追求する際に必要とされるアメリカのリーダーシップと同盟各国の利益を満たすために必要であった柔軟性を均衡させたのである(60)。それは合衆国に傲りを最小限に抑えながら、力を発揮する方法を提供したのであったが、これは九・一一後の世界における、さらに強力になった合衆国にとっても悪いモデルではないだろう(61)。

この記録が政治と同じように地政学の領域にもスミスの原則の「移行可能性」を立証するならば――私はそうだと思っているが――、それは当然の結果として二一世紀の自由の帝国は、世界を民主主義にとって、あるいは多様性にとって、さらには何よりもまず合衆国にとって安全なものにすることだけで満足すべきではないということになる。むしろ自由の帝国は世界を連邦主義にとって安全なものとすることを追求すべきであり、そこから他のすべてが流れ出ることになる。アダム・スミスのグランド・デザインは彼の予言能力が想像し得たことよりも広く適用されて、とりわけアメリカに、そして自由の大義一般にすこぶる役立ってきた。アメリカ人は、第二次世界大戦後に大きな成功を収めたように、アダム・スミスの連邦主義の原則を今再び適用する機会に遭遇しているし、アメリカはそれをなすべきであろう。

第五章　イェールの夕べ

基準なくしてはいかなる構想も成功するとは思われない。私は二一世紀のアメリカ大戦略について、一九世紀半ばにエイブラハム・リンカーンがアメリカ合衆国の特質を表現した「地上の最後にして最良の希望」[1]という価値を維持していく以上のよりよいものを考えることができない。国境の制約が取り除かれ、移動したい人は誰でも自由に移動できたら、合衆国は世界の大部分の国々の大多数の人々がやって来ることを選ぶような国であり続けることを実感することは、まことに驚くべきことであり、しかしそれは確かに真実である。[2]我々がいかに帝国のようになろうとも、我々は自由を保持し続けるからである。リンカーンは他のきわめて多くのことと同様に正しかったのである。我々は地上の最後の希望ではなくとも、確かに世界の大部分の人々にとっては依然として最良である。

しかし我々のなかですでに国境を超えてこの地にたどり着くほど十分に幸運な者にとってそれは何を意味するのであろうか。そのような立場に伴う責任とは何なのであろうか。その危険は何だろうか。

我々は二〇〇一年九月一一日にその危険を目撃した。「なぜ彼らは我々をこのように憎むのか」という問題提起は、その時点では納得のいくものだったが、攻撃した者についてより深く学ぶにつれて、よりよい問題提起の仕方は次のようなものであることが明らかになった。「ごく少数の人々が、あのような方法で我々を攻撃するほど我々をひどく憎むのはなぜなのか」。彼らをそうさせたのは貧困でも不公平でも、あるいは道義的に正当化できる他のいかなる不平でもなかった。それは彼らが〔アメリカについて〕リンカーンに一致していたからであった。したがって我々は、希望を葬り去ることを熱望する少数者にとっては、ツイン・タワーのように抵抗できない標的なのである。

それでは希望を抱き続けるコストと危険が突如として一層大きくなった時に、我々はいかに希望を抱き続ければいいのだろうか。第一に私が言いたいことは、我々はそれに対して戦う準備をしなければならないということである。私は九月一一日直後のある晩にイェールの一人の学部学生が学生と教師達の前で立ち上がって述べたことを常に思い出す。「私はこの国を愛しています。私はこの場所が大好きです。私は我々が今夜ここで行っていることを大事なことだと思っています。私はそれを本当に大切に思っているので、それを行う我々の権利を守る覚悟があります。それが私が海兵隊に入隊する理由です。あなた方のような人々がここにいて、あなた方が今行っているようなことをするのを可能にするのは私のような人々なのです」。

まことにその通りである。すべての価値を疑うという民主主義の力は、そうした疑うということを許す民主主義の価値を信じ、それを守る決意にかかっている。それらが、我々がここに存在し他の多くの人々がそうしたいと願うことを可能にする基盤となる信念である。もちろんそれらは私のポスト・モダニストの同僚がすぐに指摘したように社会の構築であるが、しかし信念を構築するのは我々の社会なのである。それは多くの先人達がやってきたように、それらを戦う価値のあるものとする。

我々はまた、責任を取ることによって希望を持ち続ける。私は世界が二〇世紀の終りにはよりよい場所であったことをいささかも疑わない。なぜなら二〇世紀の間、アメリカは初期の孤立主義を脱し、世界的な責任を引き受けてきたからである。さもなければ権威主義者がその世紀を支配していたかもしれない時に、権威主義者に対抗して断じて退かなかったのはアメリカである。二一世紀の始めに、今そこにあってテロと戦っているのはアメリカである。

しかしながら責任の本質は高慢の罪業について〔ギリシア・ローマの〕古代人達が教えてくれたことを思い起すことである。それは、我々はまさに鏡を必要としているということである。我々は常に他者が我々を見るように自らを見る必要があるということである。それは同意なしには覇権は維持できないということである。そして同意は我々の覇権よりもさらに恐ろしい選択肢が存在することを必要とする。つまりそれが二〇世紀にアメリカの世界的リーダーシップが生じた理由である。

それは部分的には我々に力量があったことと、そして幸運によってであるが、しかしそこには常により悪い何かが存在していたのである。

二一世紀初めにもこうした事情は依然として存在するし、それに対して配慮し続けることが重要である。世界におけるアメリカの影響力にとって常に鍵となるのは、我々が依然として他者よりも確実に提供しなければならない、よりよい生活への希望である。合衆国憲法の制定者達は近代史において最も永続性のあるイデオロギーを作り上げた時に希望を抱いていた。リンカーンはこの国が希望を失ったように思われた時にその希望を喚起した。ウッドロー・ウィルソンとフランクリン・D・ローズヴェルトは戦争で引き裂かれ絶望した世界に希望を抱かせた。我々は我々が突入した新たな不安の時代に向けて準備する時に、またそれがもたらした悲劇を思い出す時に、希望を抱き続ける必要があるのである。

それらすべてが私のもう一人の学部学生が九月一一日の後の暗く恐ろしい日々に尋ねた質問への答えに私を導いてくれた。その質問とは「今私達は愛国的になってもよいのですか」というものである。

私はそうなってよいと思うのである。

訳者あとがき

本書は John Lewis Gaddis. *Surprise, Security, and the American Experience.* Cambridge, MA : Harvard University Press, 2004. の邦訳である。著者のジョン・ルイス・ギャディスはイェール大学歴史学部教授で、冷戦史を中心とするアメリカ外交史の大家である。本書は二〇〇一年九月一一日のアメリカ合衆国における同時多発テロ事件の衝撃を、アメリカの伝統的安全保障観に対する危機と捉え、テロ事件以降のアメリカ外交の先制行動への傾斜と、その覇権的な動態の因って来るところを、建国以来の安全保障をめぐるアメリカ合衆国の歴史的な経験に位置づけて論議したものである。本書は連続講演をもとにとりまとめられたものであり、ギャディス教授にはめずらしい時務論である。

本書では註記を含めて全部を訳出したが、索引は割愛した。各章の中見出しの標題は訳者が付したものである。原文においてイタリックで強調されている部分は、訳では傍点を付している。

九・一一が衝撃的に示した事実は、非国家主体が国境を越えて脅威をもたらしうる時代に入ったということである。さらにそうした脅威は現代人の生活空間のなかに遍在するようになった。脅威は必ずしも最初に国境に出現するものではなくなったのである。こうした九・一一の奇襲がもたらした危機的状況に、ジョージ・W・ブッシュ政権は、一九世紀初めのジョン・クインシー・アダムズ国務長官の外交にさかのぼる「先制・単独行動・覇権」への回帰をもって対処しようとしたというところから本書の論議が始まっている。またギャディス教授の問題意識には、かねてから安全保障の目的とその達成手段とを関係させていく思考過程としての戦略を重視するところがある。邦訳書名を『アメリカ外交の大戦略——先制・単独行動・覇権——』とした理由である。

本書で展開されている論議はアメリカ外交とその安全保障戦略（大戦略［Grand Strategy］）に奇襲の衝撃がもたらした影響とその帰結である。取り上げられている奇襲とは、一八一四年八月二四日のイギリス軍によるワシントン焼き討ち、一九四一年一二月七日の日本の真珠湾攻撃、そして二〇〇一年九月一一日のアル・カイダの同時多発テロ攻撃である。

現代アメリカ外交に対するアメリカ自身の歴史的経験の影響という著者の問題意識に即して本書の主張をみると、アメリカの先制行動への傾斜、単独行動主義、覇権の追求はいずれも一九世紀のジョン・クインシー・アダムズ国務長官にその起源はさかのぼるとする。したがって九・一一以後のアメリカ外交も歴史的視野の中ではある種の先祖返りであると論じている。アダムズ国務長官にとっての九・一一は一八一四年八月二四日のイギリス軍部隊によるワシントン焼き討ちであり、その衝撃から生まれた新たな戦略アプローチが、北米大陸の安全確保のために実施された、西半球に依然として存在したヨーロッパ勢力に対する先制行動であった。それはスペイン領フロリダやメキシコに対するものが代表的である。合衆国はその責任範囲の拡大（すなわち覇権）という方法を用いて、安全保障を達成してきた伝統がそこでは強調されている。こうした西半球における先制のアプローチはアダムズ、ジャクソン、ポーク、二〇世紀に入ってセオドア・ローズヴェルト、ウィリアム・ハワード・タフト、ウッドロー・ウィルソンといった歴代大統領が一貫して採用した行動方針であったとしている。

また単独行動主義については、初代大統領ワシントンの告別演説にさかのぼり、アダムズが当時におけるイギリスとの共通の利益を前提として、しかしいかなる同盟にも拘束されることなく、他のヨーロッパ勢力を西半球から排除し続けることを通じて（モンロー・ドクトリン）、その伝統を確固としたものにしたと論じている。この伝統は第二次世界大戦参戦まで続いたのである。

二〇世紀の焦点は、真珠湾の衝撃とフランクリン・ローズヴェルト大統領である。ここではローズヴェルトが孤立主義＝単独行動主義の伝統を克服するために、戦時大同盟という国際関係を利用しながら、最終的に世界大の覇権を手中にした方途が論議されている。興味深いことにローズヴェルトは一九世紀に一般的であった先制と単独行動主義を否定することによって、同盟諸国を糾合することに成功した。そしてアメリカが主導する多国間の制度を作り上げることを通じて、今度は北米大陸、西半球にとどまらない、グローバルなアメリカの覇権の確立をもたらしたと評価するのである。そして二〇世紀後半の冷戦期において、かつての先制と単独行動主義の伝統はアメリカ外交の表舞台から消え去っていたという。そこに九・一一が到来する。

ブッシュ政権の大戦略については、まず二〇〇二年九月に発表された『アメリカ合衆国の国家安全保障戦略』をテキストにその構想が評価されている。ギャディス教授は冷戦後の安全保障環境、戦略的な眺望の大変化を踏まえて、考え抜かれた大戦略の新機軸としてこれを高く評価している。冷戦後のアメリカが犯した錯誤は、国家を中心とする国際システムの権威性の低下がもたらしていた状況と、テロリズムの脅威を真剣に考えなかったことにあるとしている。そこで策定された国家安全保障戦略は、抑止と封じこめを否定しないが、他方それでは阻止できない不定形の脅威を先制行動によって対処するというものとなった。

さらなる新基軸として、テロと圧政の原因を取り除くために、テロを生み出す社会に民主的なるものが欠如していることから来る欲求不満が存在し、その不満が宗教的狂信に繋がっているとするブッシュ政権の判断から、その解決策としてこの戦略では民主主義を広めることが強調されている。ギャディス教授は、これらはフランクリン・ローズヴェルト以来の大戦略の構築であるとし、戦略構想としては高く評価している。

しかしそうした評価の一方で、戦略の壮大さはその成功を保証しないと指摘し、二〇〇二年から翌年にかけて、イラク戦争へ突進したブッシュ政権の戦略運営の実践に対しては、厳しい突き放した評価を与えている。[1] そしてこの立派な戦略構想を成功させるためには、世界がこの戦略の考え方をどのくらい同意して受け入れるかにかかっていると論じている。最後にブッシュ政権による一九世紀アメリカ外交への回帰は拙劣であり、伝統の復活よりもローズヴェルトの多国間的アプローチの修正版が二一世紀の脅威に対処するにふさわしいのではないかと示唆している。もとより安全保障の達成にとってアメリカの覇権を前提としていることには、いささかの揺らぎもない。

以上のように、本書はギャディス教授が、現在進行中のアメリカ外交政策・安全保障戦略を、一九世紀はじめ以来のアメリカ外交史に看取できる、先制、単独行動主義、覇権、という三つの概念で歴史的視野の中に位置づけ、その意義を明らかにしたものであり、期せずしてアメリカ外交の戦略史としての概論ともなっている。九・一一以降、アメリカ外交をめぐっては大量の分析や評論が生み出されたが、歴史的視野からの考察は限られていたように思われる。(2) 本書は、過去への洞察が深いほど、現状を鋭く分析し、未来を堅実に展望することが可能となることを示す好例であろう。英誌『エコノミスト』をはじめ、いくつかの書評において本書は二〇〇四年の年間注目書に選ばれていたことを付け加えておきたい。

本書刊行にあたっては数多くの人々の助力を頂戴した。ことに井口治夫（名古屋大学助教授）、三好範英（読売新聞国際部次長）の両氏には、適切なご所見を頂戴した。また私の研究室の上野和敬、マイアナ・レノンの両君にも貴重な意見を聞く機会があった。記して厚く御礼申し上げたい。さらに慶應義塾大学出版会には出版に際して、格別のご配慮を頂いた。記して感謝申し上げたい。

（1） ギャディス教授は、ブッシュ政権の拙劣なイラク戦争政策が、九・一一以後、同政権によって構築されたすぐれた戦略構想を台無しにしたという厳しい評価を下している。ポール・ケネディ教授とギャディス教授の対談。"Kill the Empire！(Or Not)," *The New York Times Book Review*, July 25, 2004, p. 23.

（2） 本書以外の歴史的視野からの分析としては、以下の三点が代表的であろう。Melvyn P. Leffler, "9/11 and American Foreign Policy," *Diplomatic History*, Vol. 29, No. 3 (June 2005), pp. 395-413；Andrew J. Bacevich, *American Empire: The Realities and Consequences of U. S. Diplomacy* (Cambridge, MA: Harvard University Press, 2003); Niall Ferguson, *Colossus: The Price of America's Empire* (New York: Penguin Press, 2004).

平成一八年三月

赤木完爾

【著者 addis
イェ 学部教授　1941年生まれ。主要著作に、*We Now Know: War History*. New York: Oxford University Press, 1997. [『歴 』（慶應義塾大学出版会、2004年）]; *Cold War: A New Histor* The Penguin Press. 2005. など。

【訳者 あかぎ・かんじ）
慶應 教授（国際政治・戦争史・安全保障研究）　1953年生まれ 大学院法学研究科政治学専攻修士課程修了（法学博士）。『第二次世界大戦の政治と戦略』（慶應義塾大学出版会、1997 一休戦50周年の検証・半島の内と外から―』（編著、慶應義 2003年）など。

ア 大戦略
先 権

20 初版第 1 刷発行
20 初版第 2 刷発行

著 ョン・ルイス・ギャディス
訳 木完爾
発 上弘
発 應義塾大学出版会株式会社
108-8346　東京都港区三田 2-19-30
EL　〔編集部〕03-3451-0931
〔営業部〕03-3451-3584〈ご注文〉
〃　03-3451-6926
AX　〔営業部〕03-3451-3122
振替　00190-8-155497
RL　http://www.keio-up.co.jp/
渡辺澪子
中央精版印刷株式会社
株式会社太平印刷社

Printed in Japan　ISBN4-7664-1314-8

註　記

第2章　19世紀

（1）　C. Vann Woodward, "The Age of Reinterpretation," *American Historical Review*, 66 (October 1960), 2, 6.

（2）　Lawrence Freedman, *The Evolution of Nuclear Strategy* (New York: St. Martin's Press, 1983), pp. 225-56.　は相互確証破壊ドクトリンがどのように出現したかについて、すぐれた説明を提供している。

（3）　ヘンリー・アダムスに関する最良の解説の一つは、依然として彼自身の古典的著作である。Henry Adams, *History of the United States during the Administration of Thomas Jefferson and James Madison* (New York: Library of America, 1986) [first published in 1889-91], II, 993-1032.　さらに以下を参照。James Chase and Caleb Carr, *America Invulnerable: The Quest for Absolute Security from 1813 to Star Wars* (New York: Summit Books, 1988), pp. 17-40; and Donald R. Hickey, *The War of 1812: A Forgotten Conflict* (Urbana: University of Illinois Press, 1989), pp. 195-204.

（4）　この恐ろしい歌詞を思い出させてくれたのは私のイェール大学の学生のジャスティン・ザレンビィである。

（5）　Chase and Carr, *America Invulnerable*, p. 37.　傍点は引用者。

（6）　ジーン・ベスケ・エルスタインが最初にこの考え方を私に示唆してくれた。しかし以下も参照。Chase and Carr, *America Invulnerable*, pp. 318-19.

（7）　"Observations Concerning the Increase of Mankind," in Leonard W. Labaree, ed., *The Papers of Benjamin Franklin* (New Haven: Yale University Press, 1961), IV, 233.　以下も参照。Edmund S. Morgan, *Benjamin Franklin* (New Haven: Yale University Press, 2002), pp. 75-76.　トーマス・ペインは、1776年の有名な小冊子『コモン・センス』のなかで、島国と大陸の区別を明確に主張している。

(8) *The Federalist* (New York: Modern Library, n. d.), p. 61.〔A・ハミルトン、J・ジェイ、J・マディソン『ザ・フェデラリスト』斎藤眞・中野勝郎訳（岩波文庫、1999年）64-65頁参照〕

(9) ジェファーソンの大陸発展への志向（コンティネンタリズム）については以下をみよ。Robert W. Tucker and David C. Hendrickson, *Empire of Liberty: The Statecraft of Thomas Jefferson* (New York: Oxford University Press, 1990), pp. 87-171.

(10) Ibid., pp. 175-228. 1812年の戦争の起源については以下も参照。Bradford Perkins, *Prologue to War: England and the United States, 1805-1812* (Berkeley: University of California Press, 1961); and J. C. A. Stagg, *Mr. Madison's War: Politics, Diplomacy, and Warfare in the Early American Republic, 1783-1830* (Princeton: Princeton University Press, 1983).

(11) George Dangerfield, *The Awakening of American Nationalism, 1815-1828* (New York: Harper & Row, 1965), p. 4.

(12) アダムズの戦略についての最良の説明は依然としてサミュエル・フラッグ・ビーマスの次の古典的著作である。Samuel Flagg Bemis, *John Quincy Adams and the Foundation of American Foreign Policy* (New York: Knopf, 1949). さらに以下も参照。William Earl Weeks, *John Quincy Adams and American Global Empire* (Lexington: University Press of Kentucky, 1992). 核時代に入って、「先制（preemption）」と「予防（prevention）」の意味は区別されていた。先制は敵対する国家からの差し迫った攻撃を阻止するためにとられる軍事行動を意味した。予防は敵対する国家が攻撃のための能力を獲得することを阻止するために戦争を始めることを意味していた。これらの区別の詳細については以下を参照。Richard Betts, *Surprise Attack: Lessons for Defense Planning* (Washington: Brookings, 1982), pp. 145-47. しかしながら、19世紀については、情報伝達速度が遅く、兵器にもいまだ大量破壊の能力はなく、敵対者がすべて国家として機能しているわけではなく、また攻撃も、しばしば侵入や襲撃の形をとることがあったために、先制と予防の区別は私にとっては曖昧にみえる。したがってこの章を通じて、私はすべて「先制」という言葉を使用する。

(13) Adams to George W. Erving, November 28, 1818, quoted in Bemis,

John Quincy Adams, p. 327.　以下も参照。Weeks, *John Quincy Adams*, pp. 104–46.

(14)　Quoted in ibid., p. 57.　これはアダムズが、アメーリアおよびガルベストン諸島において「海賊行為を行う諸集団」とみなした事例である。

(15)　Quoted in Thomas R. Hietala, *Manifest Design: Anxious Aggrandizement in Late Jacksonian America* (Ithaca: Cornell University Press, 1985), pp. 136–37.

(16)　Weeks, *John Quincy Adams*, pp. 193–94.

(17)　インディアン追放に関するジャクソンの政策については以下をみよ。Sean Michael O'Brien, *In Bitterness and in Tears: Andrew Jackson's Destruction of the Creek and Seminoles* (New York: Praeger, 2003).

(18)　Norman A. Graebner, *Empire on the Pacific: A Study in American Continental Expansion* (New York: Ronald Press, 1955).　さらに以下も参照。Hietala, *Manifest Design.*　本書は、アメリカによる併合の動機として、奴隷制の廃止促進のために、イギリスがテキサスを根拠地として使うかもしれないことへの懸念を強調している。

(19)　Anders Stephanson, *Manifest Destiny: American Expansion and the Empire of Right* (New York: Hill and Wang, 1995), pp. 59–61.

(20)　同様の論議は以下にある。Walter A. McDougall, *Promised Land, Crusader State: The American Encounter with the World since 1776* (Boston: Houghton Mifflin, 1997), pp. 77–78.

(21)　軍艦メイン号爆沈に関する海軍歴史センターの評価は次にある。http://www.history.navy.mil/faqs/faq71-1.htm.

(22)　David F. Trask, *The War with Spain in 1898* (Lincoln: University of Nebraska Press, 1997); Ivan Musicant, *Empire by Default: The Spanish-American War and the Dawn of the American Century* (New York: Henry Holt, 1998).

(23)　Quoted in McDougall, *Promised Land, Crusader State*, p. 115.

(24)　アメリカのカリブ海地域、中央アメリカ、メキシコにおける干渉については以下をみよ。David Healy, *Drive to Hegemony: The United States in the Caribbean, 1898–1917* (Madison: University of Wisconsin Press, 1988); Max Boot, *The Savage Wars of Peace: Small Wars and the Rise of American

Power (New York: Basic Books, 2002).

(25)　ニューヨーク州ウェスト・ポイントの陸軍士官学校におけるジョージ・W・ブッシュ大統領による2002年6月1日の演説は以下で見ることができる。http://www.whitehouse.gov/news/releases/2002/06.

(26)　Quoted in McDougall, *Promised Land, Crusader State*, p. 44.　ワシントンの告別演説に与えたかもしれない影響については以下をみよ。Bemis, *John Quincy Adams*, pp. 62–65.

(27)　Weeks, *John Quincy Adams*, pp. 147–75.

(28)　Bemis, *John Quincy Adams*, pp. 382–84.

(29)　Quoted in ibid., p. 385.　さらに以下も参照。Dexter Perkins, *A History of the Monroe Doctrine* (Boston: Little, Brown, 1963).

(30)　McDougall, *Promised Land, Crusader State*, pp. 40–42, 50.

(31)　Robert Kagan, *Of Paradise and Power: America and Europe in the New World Order* (New York: Knopf, 2003), pp. 43–46.〔ロバート・ケーガン『ネオコンの論理――アメリカ新保守主義の世界戦略』山岡洋一訳（光文社、2003年）〕Richard Crockatt, *America Embattled: September 11, Anti-Americanism, and the Global Order* (New York: Routledge, 2003), pp. 142–46.

(32)　John Quincy Adams to Abigail Adams, June 30, 1811, quoted in Bemis, *John Quincy Adams*, p. 182.

(33)　Adams to the Monroe Cabinet, November 16, 1819, quoted in ibid., p. 367.

(34)　Reginald C. Stuart, *United States Expantion and British North America, 1775–1871* (Chapel Hill: University of North Carolina Press, 1988).　本書はこの過程を立証している。

(35)　See Hietala, *Manifest Design*, pp. 133–72.

(36)　Boot, *The Savage Wars of Peace*, pp. 99–128.　しかしながら、本書はアメリカのフィリピンにおける対反乱措置は成功したと主張している。

(37)　Adams address, July 4, 1821, quoted in Perkins, *The Creation of a Republican Empire*, pp. 149–50.

(38)　McDougall, *Promised Land, Crusader State*, p. 97; Chace and Carr, *America Invulnerable*, pp. 117–21; Alfred Jackson Hanna and Kathryn

Abbey Hanna, *Napoleon III and Mexico: American Triumph over Monarchy* (Chapel Hill: University of North Carolina Press, 1971).

(39) キューバという例外については以下をみよ。Gaddis Smith, *The Last Years of the Monroe Doctrine, 1945–1993* (New York: Hill and Wang, 1994), pp. 91–112.

(40) Olney to Thomas F. Bayard, July 20, 1895, in Norman Graebner, ed., *Ideas and Diplomacy: Readings in the Intellectual Tradition of American Foreign Policy* (New York: Oxford University Press, 1964), p. 254.

(41) 私はメルヴィン・レフラーが作り出した有名な言葉をここでもまた至る所で借用している。Melvyn P. Leffler, *A Preponderance of Power: National Security, the Truman Administration, and the Cold War* (Stanford: Stanford University Press, 1992). レフラーは2003年のオックスフォード大学におけるハームスワース訪問教授職就任講義で、この冷戦の概念を冷戦後のアメリカ外交政策の遂行に結びつけている。

(42) ブッシュ大統領のウェスト・ポイントにおける演説、2002年6月1日。

(43) 私の本書における議論は、ウォルター・ラッセル・ミードの近年の著作のそれと類似している。Walter Russell Mead, *Special Providence: American Foreign Policy and How It Changed the World* (New York: Knopf, 2001). ミードの著作は、建国以来根強く続いているアメリカ外交政策のいくつかの特徴的な伝統を区別している。彼のもっとも独創的な貢献は、「ジャクソニアン・スクール」を剔抉したことではあるのだが、私の見解では、ジョン・クインシー・アダムズの影響を軽視している。

第3章　20世紀

(1) Jean Bethke Elshtain, *Just War against Terror: The Burden of American Power in a Violent World* (New York: Basic Books, 2003), p. 10. はこのことを適切に強調している。

(2) ブッシュ大統領の議会における2001年9月20日の演説。http://www.whitehouse.gov/news/releases/2001/09/20010920-8.html.

(3) 同じく大戦略家であるキッシンジャーのフランクリン・ローズヴェ

ルトに対する評価については以下をみよ。Henry Kissinger, *Diplomacy* (New York: Simon and Schuster, 1994), p. 849. 〔ヘンリー・キッシンジャー『外交』全２冊　岡崎久彦監訳（日本経済新聞社、1996年)〕

（４） James Boswell, *Life of Johnson*, edited by R. W. Chapman (New York: Oxford University Press, 1998), p. 849.

（５） フランク・ニンコヴィッチはウィルソンの安全保障が不可分であることに関する思考とともに、安全保障の必要条件に関する対立する概念について論議している。Frank Ninkovich, *Modernity and Power: A History of the Domino Theory in the Twentieth Century* (Chicago: University of Chicago Press, 1994), pp. 1-68.

（６） Lloyd E. Ambrosius, *Woodrow Wilson and the American Diplomatic Tradition: The Treaty Fight in Perspective* (New York: Cambridge University Press, 1987); John Milton Cooper, *Breaking the Heart of the World: Woodrow Wilson and the Fight for the League of Nations* (New York: Cambridge University Press, 2001).

（７） Dana G. Munro, *The United States and the Caribbean Republics, 1921-1933* (Princeton: Princeton University Press, 1974).

（８） Robert H. Ferrell, *American Diplomacy in the Great Depression: Hoover-Stimson Foreign Policy, 1929-1933* (New York: Norton, 1969).

（９） Robert Dallek, *Franklin D. Roosevelt and American Foreign Policy, 1932-1945* (New York: Oxford University Press, 1979), pp. 101-68.　さらに以下もみよ。Barbara Rearden Farnham, *Roosevelt and the Munich Crisis: A Study of Political Decision-making* (Princeton: Princeton University Press, 1997).

（10） 1939年９月21日のローズヴェルト大統領の議会における演説。Samuel I. Rosenman, ed., *The Public Papers and Addresses of Franklin D. Roosevelt: 1939* (New York: Macmillan, 1941), p. 515.

（11） そうした懸念は、たとえばヘンリー・スティムソンの日記にも横溢している。The diary of Secretary of War Henry L. Stimson in the Manuscript and Archives Division of the Sterling Memorial Library at Yale University.

（12） 近年のもっとも徹底的な批判は以下である。Frederick W. Marks III,

Wind over Sand: The Diplomacy of Franklin D. Roosevelt (Athens: University of Georgia Press, 1988).

(13) A. J. P. Taylor, *English History, 1914–1945* (New York: Oxford University Press, 1965), p. 577. フランクリン・ローズヴェルトの大戦略に関するここでの議論は、私が過去に執筆した3冊の書籍から引いたものである。*The United States and the Origins of the Cold War, 1941–1947* (New York: Columbia University Press, 1972); *Strategies of Containment: A Critical Appraisal of Postwar American National Security Policy* (New York: Oxford University Press, 1982); *We Now Know: Rethinking Cold War History* (New York: Oxford University Press, 1997). 〔ジョン・ルイス・ギャディス『歴史としての冷戦――力と平和の追求』赤木完爾・齊藤祐介訳（慶應義塾大学出版会、2004年）〕

(14) David Reynolds, *From Munich to Pearl Harbor: Roosevelt's America and the Origins of the Second World War* (Chicago: Ivan R. Dee, 2001), pp. 89, 170.

(15) McGeorge Bundy, *Danger and Survival: Choices about the Bomb in the First Fifty Years* (New York: Random House, 1988), pp. 3–53. は原子爆弾製造についてのローズヴェルト大統領の驚くべき決定をめぐって、すぐれた論議を展開している。

(16) Milovan Djilas, *Conversation with Stalin*, trans. Michael B. Petrovich (New York: Harcourt, Brace & World, 1962), p. 114. 〔ミロバン・ジラス『スターリンとの対話』新庄哲夫訳（雪華社、1968年）〕

(17) マーク・A・ストーラーはこれらの様々な選択肢に関して近年最良の議論を提供している。Mark A. Stoler, *Allies and Adversaries: The Joint Chiefs of Staff, the Grand Alliance, and U. S. Strategy in World War II* (Chapel Hill: University of North Carolina Press, 2000).

(18) Eisenhower to Marshall, April 23, 1945, quoted in Forrest C. Pogue, *The Supreme Command: United States Army in World War II: The European Theater of Operations* (Washington: Government Printing Office, 1954), p. 486.

(19) Reynolds, *From Munich to Pearl Harbor*, pp. 162–63.

(20) 先にも第2章の註12で触れたように、先制と予防の区別についていえば、先制は敵対する国家からの差し迫った攻撃を未然に防ぐためにと

られる軍事行動を意味し、予防は自国を攻撃する能力を敵対国家に建設させないようにするために戦争を始めることを意味する。

（21）　以下の説明は拙著 *Strategies of Containment* からとりまとめた。

（22）　Michael J. Hogan, *The Marshall Plan: America, Britain, and the Reconstruction of Western Europe, 1947–1952* (New York: Cambridge University Press, 1987), pp. 427–30.

（23）　ケナンの理由付けの解説は以下をみよ。George F. Kennan, *Memoirs: 1925–1950* (Boston: Atlantic Little, Brown, 1967), pp. 339–43. 〔『ジョージ・F・ケナン回顧録』上　清水俊雄訳（読売新聞社、1973年)〕

（24）　Gaddis, *We Now Know*, pp. 198–203. 〔ギャディス『歴史としての冷戦』321-329頁〕

（25）　Ibid., p. 91.

（26）　Ibid., pp. 88–92, 103–110, 230–34.　マーク・トラクテンバーグはアイゼンハワーのNATO戦略は、戦争が切迫したという証拠に基づいて、ソ連の諸目標に対して核による先制攻撃をかけることを意図したものであったと論じている。さらに1963年までにケネディはそうした戦略を明確に否定したとも指摘している。1954年のNATOの戦略文書であるMC-48をめぐるトラクテンバーグの議論は以下を参照。Marc Trachtenberg *A Constructed Peace: The Making of the European Settlement, 1945–1963* (Princeton: Princeton University Press, 1999), pp. 156–78, 182–3.

（27）　ケネディ大統領とその顧問たちの思考における真珠湾アナロジーの重要性については以下をみよ。Ernest R. May and Philip D. Zelikow, eds., *The Kennedy Tapes: Inside the White House during the Cuban Missile Crisis* (Cambridge, Massachusetts: Harvard University Press, 1997), especially pp. 3–4, 121, 143, 189, 196, 207, 234, 244.

（28）　私はこの「より悪い何か」の原理をジョージ・ケナンに負っているが、ケナンはこれをヒレア・ブロックの詩からとっている。それはライオンに食べられてしまった不幸な“ジム”についての詩である。Hilaire Bellock, *Cautionary Tales* : "And always keep a-hold of Nurse/ For fear of finding something worse."

（29）　この論議を複雑に発展させたものとして以下をみよ。G. John Ikenberry, *After Victory: Institutions, Strategic Restraint, and the Rebuilding of Order*

after Major Wars (Princeton: Princeton University Press, 2001).〔G・ジョン・アイケンベリー『アフター・ヴィクトリー――戦後構築の論理と行動』鈴木康雄訳（ＮＴＴ出版、2004年)〕

(30) *Le Monde*, September 12, 2001.

第４章　21世紀

（１） たとえば、ドストエフスキー『悪霊』、ジョセフ・コンラッド『密偵』をみよ。

（２） アメリカ合衆国陸軍士官学校卒業式における訓辞、ニューヨーク州ウェスト・ポイント、2002年6月1日、は以下でみることができる。http://www.whitehouse.gov.

（３） 冷戦後におけるアメリカの力の優位をめぐる評価については以下をみよ。Joseph S. Nye, Jr., *Bound to Lead: The Changing Nature of American Power* (New York: Basic Books, 1990).〔ジョセフ・Ｓ・ナイ・ジュニア『不滅の大国アメリカ』久保伸太郎訳（読売新聞社、1990年)〕近年の著作としては、G. John Ikenberry, ed., *America Unrivaled: The Future of the Balance of Power* (Ithaca: Cornell University Press, 2002).

（４） この委員会の３つの報告書は順次発表された。*New World Coming: American Security in the 21st Century* (September 15, 1999), *Seeking a National Strategy: A Concert for Preserving Security and Promoting Freedom* (April 15, 2000), *Road Map for National Security: Imperative for Change* (March 15, 2001).

（５） このことについての標準的な説明は以下にある。Roberta Wohlstetter, *Pearl Harbor: Warning and Decision* (Stanford: Stanford University Press, 1962).

（６） これについて私はすでに以下で論じている。John Lewis Gaddis, *The Landscape of History: How Historians Map the Past* (New York: Oxford University Press, 2002), especially Chapter 4.〔ジョン・L・ギャディス『歴史の風景――歴史家はどのように過去を描くのか――』浜林正夫•柴田知薫子訳（大月書店、2004年）参照〕

（７） Strobe Talbott, *The Russian Hand: A Memoir of Presidential Diplomacy*

(New York: Random House, 2003), p. 131. 「関与と拡大」戦略についてはアンソニー・レイクのジョンズ・ホプキンス大学における演説（1993年9月21日）を参照。http://www.mtholyoke.edu/acad/intrel/lakedoc.html

フランシス・フクヤマの考え方は最初に Francis Fukuyama, "*The End of History,*" *The National Interest*, 16 (Summer 1989), 3-18 に発表され、その後加筆されて *The End of History and the Last Man* (New York: Free Press, 1992) として出版された。〔フランシス・フクヤマ『歴史の終わり』[新装版] 全2冊　渡部昇一訳（三笠書房、2005年）〕

（8）　ヘンリー・キッシンジャーはクリントン政権が交代したとき、次の書物を出版する必要があると感じていたことは重要である。Henry Kissinger, *Does America Need a Foreign Policy? Toward a Diplomacy for the Twenty-First Century* (New York: Simon and Schuster, 2001). キッシンジャーはそのなかで（p. 19)、「あたかもアメリカが長期的な外交政策をまったく必要とせず、様々な問題が発生したときに、その都度対応することに閉じこもってしまうような行動への誘惑」に対して警告している。

（9）　この結果に対する秀才ならざる科学者の予測については以下をみよ。John Lewis Gaddis, *The United States and the End of the Cold War: Implications, Reconsiderations, Provocations* (New York: Oxford University Press, 1992), pp. 193-216.

(10)　See, Joseph E. Stiglitz, *Globalization and Its Discontents* (New York: Norton, 2002). 〔ジョセフ・E・スティグリッツ『世界を不幸にしたグローバリズムの正体』鈴木主税訳（徳間書店、2002年）〕Amy Chua, *World on Fire: How Exporting Free Market Democracy Breeds Ethnic Hatred and Global Instability* (New York: Doubleday, 2003).

(11)　John Lewis Gaddis, "Living in Candlestick Park," *Atlantic Monthly*, 283 (April 1999), 65-74.

(12)　中央アジア地域における新たなアメリカ軍基地は以下の地図で見ることができる。*The New York Times*, April 20, 2003, p. B5.

(13)　ブッシュを低く評価する傾向は、米欧の学者達の間でことに顕著である。この傾向は疑いもなく彼らの圧倒的にリベラルな政治的性向によ

るところが大きいが、他方、それはまた近年の大学教育が職業的な専門化に傾斜していることを幾分か反映していると思われる。そしてこのことはまた、ブッシュのようなジェネラリストを取るに足らない人物として軽視することにつながっている。さらにこの点については以下をみよ。Eliot A. Cohen, *Supreme Command: Soldiers, Statesmen, and Leadership in Wartime* (New York: Free Press, 2002), p. xiii. 〔エリオット・A・コーエン『戦争と政治とリーダーシップ』中谷和男訳（アスペクト、2003年)〕

(14) 陸軍士官学校での演説と国家安全保障戦略のステートメントはいずれもホワイトハウスのホームページでみることができる。http://www.whitehouse.gov.

(15) Bush NSS, p. iv.

(16) クリントンの国家安全保障戦略の前書きは以下で見ることができる。http://clinton2.nara.gov/WH/EOP/NSC/html/documents/nssrpref.html. ブッシュとクリントン両政権の国家安全保障戦略の報告書は、大統領に定期的に国家安全保障戦略について報告することを要求する、1986年のゴールドウオーター・ニコラス法に含まれる議会の命令に対応するものである。

(17) Bush NSS, pp. 13-14.

(18) Bush NSS, p. 15.

(19) Bush NSS, p. v.

(20) Bob Woodward, *Bush at War* (New York: Simon and Schuster, 2002), p. 30. ではこのドクトリンの起源が論議されている。国家安全保障戦略の報告書については本書（p. 5）をみよ。

(21) Bush NSS, p. 15. しかしながら、国家安全保障戦略の報告書は、私がアダムズの前例と関連づけたことは明示されていない。

(22) Bush NSS, pp. 6, 15.

(23) Bush NSS, pp. iv, 30.

(24) 2002年6月1日のブッシュのウェスト・ポイントにおける演説。この文言は現ブッシュ政権の国防副長官であったポール・ウォルフォウィッツの論争を巻き起こした提言を公式に認めたこととなった。それは1992年の「国防計画の指針（Defense Planning Guidance)」の草稿にあ

ったもので、後に新聞にリークされ、ブッシュ父政権によって否定された。ウォルフォヴィッツについてはさらに以下をみよ。Bill Keller, "Sunshine Warrior," *New York Times Magazine*, September 22, 2002.

(25) たとえば以下を参照。William Wohlforth, "The Stability of a Unipolar World," *International Security*, 24 (Summer 1999), 5-41; G. John Ikenberry, *After Victory: Institutions, Strategic Restraint, and the Rebuilding of Order after Major Wars* (Princeton: Princeton University Press, 2001); Stephen G. Brooks and William C. Wohlforth, "American Primacy in Perspective," *Foreign Affairs*, 81 (July/August, 2002), 20-33.

(26) 2002年6月1日のブッシュのウェスト・ポイントでの演説。Robert Kagan, *Of Paradise and Power: America and Europe in the New World Order* (New York: Knopf, 2003). 本書は世界の一部分であるヨーロッパにはすでにそうした状況が存在していると指摘している。

(27) 2002年6月1日のブッシュのウェスト・ポイントでの演説。Bush NSS, p. 3.

(28) たとえば以下を参照。Fouad Ajami, *Dream Palace of Arabs: A Generation's Odyssey* (New York: Vintage, 1999); Bernard Lewis, *What Went Wrong? Western Impact and Middle Eastern Response* (New York: Oxford University Press, 2002) and *The Crisis of Islam: Holy War and Unholy Terror* (New York: Modern Library, 2003). 〔バーナード・ルイス『イスラム世界はなぜ没落したか？』今松泰・福田義昭訳（日本評論社、2003年）、『聖戦と聖ならざるテロリズム』中山元訳（紀伊國屋書店、2004年)〕同様に以下も参照。Gilles Kepel, *Jihad: The Trail of Political Islam* (Cambridge, Massachusetts: Harvard University Press, 2002); Paul Berman, *Terror and Liberalism* (New York: Norton, 2003), especially pp. 52-210; and Freed Zakaria, *The Future of Freedom: Illiberal Democracy at Home and Abroad* (New York: Norton, 2003), especially pp. 119-59. 〔ファリード・ザカリア『民主主義の未来』中谷和男訳（阪急コミュニケーションズ、2004年)〕これらの研究は、西欧に向けられたイスラム教徒の憤激が、近代化の背後に取り残されたことへの失意と結びついた、相対的に近年の現象であると強調している。アラブ側の評価については以下を見よ。*Arab Human Development Report: Creating Opportunities for Future Generations*

(New York: United Nations, 2002).

(29) Bush NSS, p. 6.

(30) さらにこれについては以下をみよ。John Lewis Gaddis, "And Now This: Lessons from the Old Era for the New One," in Strobe Talbott and Nayan Chanda, eds., *The Age of Terror: America and the World after September 11th* (New York: Basic Books, 2001), pp. 13-14.

(31) Josha Muravchik, "The Bush Manifesto," *Commentary*, 114 (December 2002), 28-29. はこの点を強調している。フィリップ・ゼリコーはこの保守派の楽観主義は、部分的には幾人かのブッシュ政権の高官が、ブッシュ父政権の一員として、冷戦の終結を目撃したことに由来すると私に示唆してくれた。Philip Zelikow, *Germany Unified and Europe Transformed: A Study in Statecraft* (Cambridge, Massachusetts: Harvard University Press, 1995), co-authored with Condoleeza Rice. はこうした経験を記録している。ウィルソンとレーガンの結びつきは、誰もふつうウィルソニアンであるとは思わないキッシンジャーの著作に最もよく描かれている。Henry Kissinger, *Diplomacy* (New York: Simon and Schuster, 1994).

(32) 2002年1月29日のブッシュ大統領の一般教書演説は以下でみることができる。http://www.whitehouse.gov/news/releases/2002/01/20020129-11.html. この演説の起草については以下をみよ。David Frum, *The Right Man: The Surprise Presidency of George W. Bush* (New York: Random House, 2003).

(33) イラクに関して、こうした議論は明らかに進展した。John J. Mearsheimer and Stephen M. Walt, "An Unnecessary War," *Foreign Policy*, 134 (January/February, 2003). 50-59. 別の見解は以下をみよ。Kenneth M. Pollack, *The Threatening Storm: The Case for Invading Iraq* (New York: Random House, 2002).

(34) John King, "Bush Calls Saddam 'the guy who tried to kill my dad,'" CNN Inside Politics, September 27, 2002. http://www.cnn.com/2002/ALLPOLITICS/09/27/bush.war.talk/. さらに以下をみよ。Woodward, *Bush at War*, pp. 84-85.

(35) Bush NSS, p. 31. 2002年の暮れに、イラク戦争を準備中の部隊に、他の古典とともに、『ヘンリー五世』の無料冊子が配布されつつあった

ことは、おそらく偶然ではない。以下をみよ。Ben Macintyre, "The Great Novelists Not Fit for Duty in This War of Words," *London Times*, December 28, 2002. これを示唆してくれたのは、私のイェールでの学生である、チャド・ゴールダーである。「文明の衝突」の主張については以下をみよ。Samuel P. Huntington, *The Clash of Civilizations and the Remaking of World Order* (New York: Simon and Schuster, 1996). 〔サミュエル・ハンチントン『文明の衝突』鈴木主税訳（集英社、1998年)〕

(36) 2002年9月12日の国連におけるブッシュ大統領の演説。http://www.whitehouse.gov/news/releases/2002/09/20020912-1.html.

(37) たとえば論議を呼んだ、ジョン・チャームリーの、チャーチルを失敗した大戦略家とした描写をみよ。John Charmley, *Churchill: The End of Glory: A Political Biography* (New York: Harcourt, 1993).

(38) 「いかなる国家も単独では、より安全でよりよい世界を築くことはできない。同盟や多国間組織は、自由を愛する国々の力を何倍にも強化できる。」(Bush NSS, p. vi.)

(39) 2003年7月にブッシュ政権は半年前の一般教書演説が、イラクがニジェールからウラニウムを購入したという嫌疑について、不正確な情報を含んでいたことを認めざるを得なくなった。イラクの大量破壊兵器について生じた二つの仮説については以下を参照。Bob Drogin, "The Vanishing: What Happened to the WMD?" *The New Republic*, July 21, 2003, pp. 20-24; and Michael Gordon, "Weapons of Mass Confusion," *New York Times*, August 1, 2003.

(40) イラク戦争の起源とその戦われ方については以下をみよ。International Institute for Strategic Studies, *Strategic Survey 2002/3* (London: IISS, 2003), pp. 145-58.

(41) 註22をみよ。

(42) その原型は以下にある。Harlan Ulllman, James P. Wade, L. A. Edney, *Shock and Awe: Achieving Rapid Dominance* (Washington: National Defense University Institute for Strategic Studies, 1996).

(43) こうした論理についてのブッシュ自身の思考は以下を参照。Woodward, *Bush at War*, p. 81. これは、イスラエル政府が自爆テロリストをかくまったパレスチナ人の家屋の破壊を正当化することに用いら

れている論理と類似している。

(44) 第2章をみよ。

(45) ビスマルクの戦略に関する最良にして簡潔な解説は依然以下のものである。Henry A. Kissinger, "The White Revolutionary: Reflections on Bismarck," *Daedalus*, 97 (Summer, 1968), 888-924.

(46) ここでは以下のことを念頭に置いている。それはブッシュ政権の、気候変動に関する京都議定書、国際刑事裁判所、包括的核実験禁止条約に反対する不必要にとげとげしい物言いや、アフガニスタンで捕らえられたアル・カイダやタリバンの囚人の法的地位を明確にすることができなかったことや、彼らをキューバのガンタナモ海軍基地に投獄したことである。

(47) この問題を私が考察するように示唆してくれた、私の学生のサルマーン・カーンに感謝する。

(48) Huntington, *The Clash of Civilizations and the Remaking of World Order*, p. 21.

(49) 註35をみよ。

(50) たとえば *The Federalist No. 1*, by Alexander Hamilton. は次のように警告している。「共和国の自由を転覆するにいたった人びとの大多数は、その政治的経歴を人民への追従から始めている。すなわち、煽動者たることから始まり、専制者として終わっているのである。」(*The Federalist* [New York: Modern Library, n.d.], pp. 5-6.)〔『ザ・フェデラリスト』19頁参照〕

(51) Zakaria, *The Future of Freedom*, passim. 後者の論点については以下を参照。Robert A. Dahl, *On Democracy* (New Haven: Yale University Press, 1998). 〔R・A・ダール『デモクラシーとは何か』中村孝文訳(岩波書店、2001年)〕

(52) 猛烈に批判的な批評として以下をみよ。Robert Kagan, "The Great Unwashed: Why Democracy Must Remain America's Goal Abroad," *The New Republic*, 229 (July 7 and 14, 2003), 17-37.

(53) この定義は以下を参照。John Lewis Gaddis, *We Now Know: Rethinking Cold War History* (New York: Oxford University Press, 1997), p. 27.〔ギャディス『歴史としての冷戦』45-46頁〕

(54)　この論点については以下をみよ。Zakaria, *The Future of Freedom*, p. 57.　さらに以下も参照。Niall Ferguson, *Empire: The Rise and Demise of British World Order and the Lessons for Global Power* (New York: Basic Books, 2003).

(55)　『ナショナル・インタレスト』誌［*The National Interest*］の2003年春季号は、この論争を特集している。さらに以下をみよ。Andrew J. Bacevich, *American Empire: The Realities and Consequences of U. S. Diplomacy* (Cambridge, Massachusetts: Harvard University Press, 2002).

(56)　See Robert W. Tucker and David C. Hendrickson, *Empire of Liberty: The Statecraft of Thomas Jefferson* (New York: Oxford University Press, 1990); also Anders Stephenson, *Manifest Destiny: American Expansion and the Empire of Right* (New York: Hill and Wang, 1995).

(57)　この点についてはさらに以下をみよ。Geir Lundestad, *The American "Empire" and Other Studies of US Foreign Policy in Comparative Perspective* (New York: Oxford University Press, 1990).

(58)　Adam Smith, *An Inquiry into the Nature and Causes of the Wealth of Nations* (New York: Modern Library, 2000), p. 672.

(59)　*The Federalist*, p. 146.　〔『ザ・フェデラリスト』111頁参照〕

(60)　以下で冷戦同盟システムの機能について詳細に論じている。*We Now Know*, pp. 191-203.　〔ギャディス『歴史としての冷戦』311-329頁〕

(61)　同様の結果を生み出すことを狙う、一連の歴史モデルについては以下をみよ。Robert D. Kaplan, "Supremacy by Stealth: Ten Rules for Managing the World," *The Atlantic*, 292 (July-August, 2003), 65-83.

第5章　イェールの夕べ

(1)　この文章は、1862年12月1日、リンカーン大統領の議会への2度目の年次報告にある。

(2)　Thomas L. Friedman, "9/11 Lesson Plan," *New York Times*, September 4, 2002 はラリー・ミラー［Larry Miller］の2002年1月14日の『ウィークリー・スタンダード』［*The Weekly Standard*］に掲載されたエッセイを引用しながら、こうした論議を展開している。